ABC DES UNSOZIALEN

WAS SIE SAGEN, WAS SIE MEINEN

Die Inhalte in diesem Buch sind vom Autor und dem Verlag sorgfältig erwogen und geprüft worden, dennoch kann keine Garantie übernommen werden. Eine Haftung des Autors bzw. des Verlages und seiner Beauftragten für Personen-, Sach- und Vermögensschäden ist ausgeschlossen.

Verlag des Österreichischen Gewerkschaftsbundes GmbH
Johann-Böhm-Platz 1, 1020 Wien
T 01/662 32 96-0 | F 01/662 32 96-39793
office@oegbverlag.at | www.oegbverlag.at

Medieninhaber: Verlag des Österreichischen Gewerkschaftsbundes GmbH
© 2023 Verlag des Österreichischen Gewerkschaftsbundes GmbH
Hersteller: Verlag des Österreichischen Gewerkschaftsbundes GmbH
Verlags- und Herstellungsort: Wien
Druck: Druckerei Janetschek GmbH
2., aktualisierte Auflage
ISBN: 978-3-99046-668 1

ADI BUXBAUM

ABC DES UNSOZIALEN

WAS SIE SAGEN, WAS SIE MEINEN

INHALTSVERZEICHNIS

Vorwort. 8

Einleitung 10

TEIL I: MODERNE ANGRIFFE AUF UNSEREN SOZIALSTAAT **14**

A ... Abgabenquote – je niedriger, desto besser 15

B ... Budgetdefizit als Sorgenkind 18

C ... Chancen(un)gleichheit in der Bildung 21

D ... Diffamierung der „üblichen Verdächtigen". 25

E ... Eliten versus „Pöbel" 29

F ... Finanzierbarkeit des Elementaren gesichert? Leider nein! 32

G ... Gleichstellung und Gendern – wozu?. 35

H ... Harmonisierung von Leistungen. 39

I ... Illiberaler Umbau – doch nicht bei uns! 42

J ... Junge Menschen können nichts. 45

K ... Keine Probleme – dank uns alles bestens! 48

L ... Lohnnebenkostensenkung als Wunderwaffe 51

M ... Mangel an Fachkräften. 54

N ... Nicht-Handeln als gutes Rezept 58

O ... Objektivität von „Strukturreformen". 61

P ... Pensionen sind nicht sicher 64

Q ... Quo vadis Sozialpolitik? 69

R ... Ruinöse Schulden und das TINA-Prinzip 74

S ... Statistik – zwischen Analyse und Illusion. 77

T ... Trade-off zwischen Zielen. 83

U ... Umverteilung nach oben hilft .86

V ... Verteilungsunterschiede als Motivation 90

W ... Wohnen im Eigenheim. 96

X ... X für ein U vormachen 99

Y ... You can't always get what you want 102

Z ... Zusammenhalt war gestern! 106

TEIL 2: SOLIDARITÄT ALS INTEGRALER BESTANDTEIL VON LÖSUNGEN 110

S . . .   Solidarität 111

O . . .   Offen Schieflagen ansprechen ≠ Neid! 115

L . . .   Luxus und Reichtum besteuern 118

I . . .   Integration macht jünger und bunter .121

D . . .   Dankbarkeit gegenüber den Systemerhalter:innen 124

A . . .   Auf den Arbeitsmarkt kommt es an! 126

R . . .   Radikaler Kurswechsel notwendig 130

I . . .   Internationale Referenzmodelle nutzen 132

T . . .   Teile müssen einander ergänzen! 136

Ä . . .   Ältere und Jüngere gleichermaßen absichern 146

T . . .   Together we stand! 149

Schlussgedanke und Resümee 152

Danke 153

Über den Autor 153

Wissenswertes kompakt 154

Anmerkungen und Verweise 156

EIN BUCH
FÜR DIE VIELEN!

Dieses Buch ist trotz kompakten Umfangs ziemlich großzügig angelegt: Es setzt keine Vorkenntnisse der Leser:innen voraus und es ringt mir selbst als Autor nicht den Anspruch auf Vollständigkeit ab. Es zeigt viele Perspektiven auf und regt idealerweise zum Nachdenken an, wenn es um die Bewertung der Gegenwart und die Gestaltung der Zukunft des Sozialstaats geht.

Das Buch ist zu wesentlichen Teilen im Gefolge von Pandemie, Krieg in der Ukraine und Teuerung entstanden und führt viele meiner bisherigen Arbeiten und jene aus meinem beruflichen Umfeld möglichst einfach, bunt und mosaikartig zusammen.

Warum ist dieses Buch wichtig? Manche Angriffe auf den Sozialstaat sind keineswegs offensichtlich. Sie verstecken sich hinter vordergründig technischen, ursprünglich unverdächtigen Begriffen wie z. B. „Strukturreform". Andere Angriffe basieren hingegen klar auf neoliberalen und neokonservativen Erzählungen, die – selbst, wenn sie gebetsmühlenartig wiederholt werden – alles andere als ein Segen für die Mehrheit der Bevölkerung sind! Ich denke, es ist notwendig, gemeinsam aufzustehen und diesen Angriffen auf den sozialen Zusammenhalt in der Gesellschaft entschieden entgegenzutreten und v. a. Haltung zu wahren. Das gelingt mir am besten mit guten Argumenten, Fakten und Erfahrungswissen zu Debatten, die ich für die Leser:innen kompakt zusammenfassen werde.

Im Hauptteil präsentiere ich in der ABC-Logik eine Sammlung von realen oder drohenden Angriffen auf den Sozialstaat. Anschließend skizziere ich mit einem empathischen Zugang zu den Anliegen der Vielen die vorhandenen Stellschrauben für gesellschaftlichen Fortschritt.

Trotz der Themenvielfalt und der gegebenen Komplexität beim Umgang mit sozialpolitischen Fragestellungen habe ich mich – v. a. zur besseren Verständlichkeit – bewusst für einen überwiegend ungezwungenen Schreibstil entschieden. An den geeigneten Stellen gibt es aber Verweise auf differenziertere und analytische Quellen und Belege. Oft sind das Verweise auf den interdisziplinären Blog Arbeit&Wirtschaft, der geistige Brücken baut und sich dem gesellschaftlichen Wohlergehen und breiten Diskurs verschrieben hat.[1] Auch die Website www.sozialleistungen.at, bei der ich redaktionell mit-arbeite, bündelt viele wertvolle Informationen und Argumente rund um den Sozialstaat.

Dieses Buch ist übrigens keiner politischen Partei gegenüber nachsichtig – im Gegen-teil! Die angebrachte und beschriebene Kritik zu den gesellschaftlichen Schieflagen richtet sich nicht nur an die Akteur:innen der Gegenwart. Sie adressiert vielfach auch Verantwortungsträger:innen der letzten Jahr(zehnt)e, selbst wenn die Diskursanalyse mehr an den Jahren der jüngeren Vergangenheit ansetzt. Hervorzuheben ist, dass viele Gräben in der Gesellschaft somit nicht neu, sondern nur tiefer sind, das gebietet die Fair-ness bei der Darstellung. Das Buch ist dennoch parteiisch – es möchte eine unüberhör-bare, kritische Stimme „von unten" sein!

Sie als Leser:innen sind eingeladen, mit mir in Diskurs über den Sozialstaat zu treten. Reden wir darüber!

ADI BUXBAUM

EINLEITUNG

Österreich und viele andere Länder stehen am Scheideweg in der Frage, wie der Sozial-staat weiterentwickelt werden soll. Die Folgen der Pandemie und die Teuerung haben sich längst zu einer sozialen Krise ausgeweitet, in der gesellschaftliche Ungleichheiten stärker sichtbar wurden und werden. Ob die akuten sozialen Probleme angegangen werden und die Weichen in Richtung gesellschaftlichen Fortschritts gestellt werden, hängt v. a. davon ab, ob es gelingt, den Sozialstaat und die Sozialpolitik allgemein als integralen Teil der Lösung zu sehen.

Österreichs Sozialstaat hat die Krise gesamtwirtschaftlich teils merklich abgefedert, doch er muss fortschrittsorientiert weiterentwickelt werden und sich von neokonser-vativen Rückschritten vergangener Jahre entschieden emanzipieren. Das wird wohl schwieriger als erhofft, denn nach dem internationalen Durchbruch neoliberaler Denk-muster und der Verschiebung von Machtverhältnissen von Arbeit zu Kapital besonders in den letzten 40 Jahren ist der Sozialstaat oft systematisch demontiert oder zumindest in Verruf gebracht worden.

Die dabei propagierte kritische Haltung gegenüber der staatlichen Verantwortung und der unbeirrbare Glaube, dass der „freie Markt" – trotz einschneidender Finanz- und Wirtschaftskrisen – bessere Ergebnisse z. B. für die Verteilung von Einkommen und Le-benschancen brächte, ist nunmehr tief in den Köpfen breiter Teile der Gesellschaft ver-ankert.

Im Folgenden beschreibe ich in Teil 1 zuerst moderne Angriffe auf den Sozialstaat in alphabetischer Reihenfolge. Aber wie trist wäre es, wenn es nur bei dieser Angriffs- und Verteidigungsdarstellung bliebe und keine machbaren, fortschrittlichen Szenarien und Politikoptionen angesprochen würden? Daher erfahren Leser:innen in Teil 2, in einem Ausblick, mehr über einen visionären Rahmen für künftige Reform- und Gestaltungs-varianten der sozialstaatlichen Absicherung.

Zur besseren Übersicht bringe ich jeden Buchstaben mit einem bestimmten Sozial-staatsthema in Verbindung. Auf meistens zwei bis drei Seiten werden wichtige Debat-tenstränge im Thema angerissen und – sofern es sich anbietet – um eingängige Grafiken und Darstellungen ergänzt. Jedes Kapitel enthält ein kurzes Fazit, das auch als Schnelllesevariante geeignet sein kann, während die ergänzenden Verweise ein Angebot zur Vertiefung darstellen.

Wir beginnen nun also mit Teil 1, der sich von „A" wie Abgaben bis „Z" wie Zusammenhalt zentralen Themenbereichen widmen wird. Damit sollten wichtige Positionen von Gegner:innen des Sozialstaats sichtbar gemacht und ausreichend erklärt sein.

Ich plädiere stets für soziale Antworten auf viele der angesprochenen Dimensionen der sozialen Frage. Für mich ist eine umfassende, inklusive Form der Solidarität elementar, weil nur sie den sozialen Zusammenhalt über die Spaltung in der Gesellschaft stellt.

Dass genug für alle da ist, nur nicht für jedermanns Gier (angelehnt an Mahatma Gandhis wichtigen Gedanken „The world has enough for everyone's need, but not enough for everyone's greed."), wird auch z. B. von Caritas-Präsident Michael Landau immer wieder betont! Ob dieser Gedanke schon in den Köpfen und Herzen genug Platz bekommen hat, wird im Folgenden kritisch hinterfragt.

Gehen wir es an!

MODERNE ANGRIFFE

TEIL I: MODERNE ANGRIFFE AUF UNSEREN SOZIALSTAAT

Unter modernen Angriffen auf den Sozialstaat sind nicht zwingend neue Debattenstränge zu verstehen. Auch alte Vorurteile – z. B. gegenüber arbeitsuchenden oder armutsbetroffenen Menschen – oder solche in neuen Gewändern sind hier möglichst kompakt im „ABC des Unsozialen" Schritt für Schritt ausgeführt.

Gerade in und nach Krisen spitzen sich Verteilungsdebatten in der Regel besonders zu, weil die öffentlichen Haushalte in wirtschaftlich schlechten Zeiten unter Druck geraten und der Spielraum entscheidend enger wird. Politische Machtverhältnisse bestimmen dann wesentlich, welche Prioritäten in den Budgets gesetzt werden. Aber auch die veröffentlichte Meinung und zentrale gesellschaftspolitische Debatten haben Einfluss auf die Entscheidung, wer in welcher Form Hilfe und Unterstützung bekommen „soll".

So kann es passieren, dass bei Unternehmen eine Überförderung bewusst in Kauf genommen wird, während andere den Gürtel noch enger schnallen müssen, weil sie einfach nicht genug „Lobby" oder Solidarität hinter sich vereinen können. Es ist auch wenig überraschend, wenn dann wieder Konzepte zur sozialen „Treffsicherheit" aus der Schublade geholt werden, die in Wirklichkeit nichts anderes verheißen als mehr Druck auf Arbeitsuchende, Mindestsicherungsbezieher:innen oder andere Gruppen, die es ohnedies schwer haben.

Es mutet ungerecht an, und das ist es auch, wenn wir gleichzeitig beides beobachten: Überversorgung und Mangel! Warum das so sein kann und welchen Beitrag die einzelnen Diskurse dazu leisten, möchte ich nun zeigen.

... ABGABENQUOTE – JE NIEDRIGER, DESTO BESSER

Wenn es um das Thema Steuern geht, dann werden schnell Emotionen frei. Das „Zahlen müssen" oder das „Tricksen" bei der Steuerpflicht – unmittelbar landen wir unabhängig von der eigenen Position bei starken Bildern, die eher mit Last oder mit Paradiesen zu tun haben. So kann man sich gut vorstellen, dass die einen Schwerstes zu schultern haben – Stichwort „Steuerlast" –, während andere in paradiesischer Leichtigkeit – Stichwort „Steuerparadies" oder „Steueroase" – durchs Leben gehen, indem sie ihren vorbestimmten Steuerbeitrag schlichtweg verschleiern, minimieren bzw. verkürzen.

Wenn Arbeiter:innen und Angestellte auf ihren Lohnzettel schauen und ihr Brutto mit dem Netto vergleichen, dann erfüllt es manche mit Wehmut und sie würden die Differenz gerne verringern. Auch für mich stellt sich mindestens einmal im Jahr die Frage, wie ich bei meiner Steuererklärung bzw. Arbeitnehmerveranlagung die Nachforderung kleiner oder die Gutschrift größer machen kann, und ich merke dabei kurz einen inneren Widerstand – aber wogegen eigentlich?

Wenn ich ehrlich bin, richtet sich bei mir der Widerstand weniger gegen den Umstand, mit meinen Steuern und Beiträgen elementare Leistungen des Staates zu finanzieren – von Spitälern über Pensionen für Ältere bis zur Schulausstattung für Kinder. Vielmehr geht es bei mir um das technisch fehlerfreie Ausfüllen des Finanz-Online-

Formulars und das Hoffen, dass die Vorberechnung dabei eine gute Nachricht bringt. Jetzt ließe sich einwenden: Und? Was ist schlecht daran, wenn wir alle weniger Steuern zahlen wollen? Was ist schlecht daran, wenn der Staat den „Gürtel enger schnallen" muss, weil die Einnahmen ausbleiben oder geringer als erwartet ausfallen?

Das regelmäßig strapazierte Bild eines „schlanken Staates" mag ja auf den ersten Blick verlockend wirken. Politisch wird dabei oft von Parteien die Forderung nach der Senkung der Abgabenquote – das ist die Summe aus Steuern und Abgaben (z. B. Sozialversicherungsbeiträge) im Verhältnis zur Wirtschaftsleistung – erhoben.[2] Schaut man sich beispielsweise die Wahl- oder Regierungsprogramme – nicht ausschließlich, aber besonders pointiert von (rechts-)konservativen Parteien – der jüngeren Vergangenheit an, findet man mitunter das klar formulierte Ziel, die Abgabenquote von derzeit rund 43 Prozent (2020) auf 40 Prozent zu senken.

Dieses Programm zur Abgabensenkung wird häufig mit viel Trommelwirbel und vermeintlicher Reformwut umrahmt: „Klassiker" sind dabei z. B. Rufe nach „weniger Bürokratie", „Verschlankung von Strukturen" und mehr „Effizienz" oder „Sparen im System". Ziele wie diese können möglicherweise beeindrucken. Mitunter entstehen Erwartungen hinsichtlich breiter Steuersenkungen, eines besseren Service bei öffentlichen Dienstleistungen oder Träume von budgetären Spielräumen für Zukunftsinvestitionen – vielleicht ja für die eigenen Kinder.

Im Realitäts-Check verblasst dieses hübsche Bild ziemlich schnell und stellt sich bald als trojanisches Pferd erster Güte dar, vor allem in Bezug auf den Sozialstaat. Denn dieser funktioniert in der „Slim-fit"- bzw. der „ausgehungerten" Version einfach nicht. Er passt so weder für 90 bis 95 Prozent der Gesellschaft, die auf ihn angewiesen sind, noch für verschiedene – oft schwierige – Lebenslagen.

Niedrigere Abgaben und Steuern in der Höhe von drei Prozent der Wirtschaftsleistung (Bruttoinlandsprodukt, BIP) haben ihren Preis. Auf Sicht bedeutet eine Senkung der Abgabenquote notgedrungen einen dauerhaften Einnahmenausfall von derzeit rund 14 Milliarden Euro pro Jahr. Dass dies wohl zu niedrigeren Leistungen führen muss, ist augenscheinlich. Die große „Sozialstaats-Abrissbirne" kann starten.

Die Senkung der Abgabenquote lässt sich somit auch als mutwillige Unterfinanzierung interpretieren, die mittelfristig Reformdebatten lostritt, den (Sozial-)Staat mit dem Slogan des (vermeintlich) „schlechten Wirtschaftens" in Misskredit bringt und die „Sparspirale" erst so richtig in Gang setzt.

Statt die Struktur bzw. das Aufkommen der Abgaben fairer zu gestalten und die arbeitenden Menschen – den „Faktor Arbeit" – zu entlasten, bedeutet eine Forderung nach

Senkung der Abgabenquote realistisch gesehen nicht das Beseitigen der ungerechten Einnahmenstruktur des Staates, sondern schlichtweg die Fortsetzung der steuerlichen Besserstellung und Steuervermeidung von Vermögenden und Einkommensstarken.[3] Die mit einer Abgabensenkung in der Regel verbundenen Einsparungen – es stehen dann ja weniger Mittel zur Verfügung – werden hingegen die Mitte der Gesellschaft und ganz besonders die materiell Schwächsten, die es ohnedies schwer haben, hart treffen.

Dass wir mit weniger Steuern und Abgaben wirklich besser dran wären, darf also getrost bezweifelt werden. Im Gegenteil: Österreich wirbt bezüglich Standortqualität gerne mit Stabilität, sozialem Frieden und leistungsfähiger Infrastruktur.[4] An dieser Stelle soll nicht unerwähnt bleiben, dass es den Menschen in Dänemark – und der dänischen Volkswirtschaft allgemein – mit der höchsten Abgabenquote in der Europäischen Union ziemlich gut geht.

Um rund 14 Milliarden Euro sinkende Staatseinnahmen bedeuten mutwilligen Sozialabbau, und es stellt sich unmittelbar die Frage: Wo wird der bedrohliche Rotstift im Sozialsystem zuerst angesetzt?

Definition:
Abgabenquote = Summe aus Steuern und Abgaben (z. B. Sozialversicherungsbeiträge) dividiert durch die Wirtschaftsleistung (BIP; 2022 rund 450 Milliarden Euro für Österreich)

Relevante Werte aktuell:
Abgabenquote Dänemark 2020: 48 Prozent des BIP
(höchste Abgabenquote in der EU)
Abgabenquote Österreich 2020: rund 43 Prozent des BIP
(Teil des oberen Drittels der EU)
Eine Reduktion von 43 Prozent um drei Prozentpunkte auf
40 Prozent bedeutet rund 14 Milliarden Euro weniger Spielraum
im Budget!

... BUDGETDEFIZIT ALS SORGENKIND

Die COVID-19-Pandemie hat in Österreich zum größten Konjunktureinbruch der Nachkriegszeit geführt. Sie hat nicht nur die finanzielle Situation vieler Menschen massiv verschlechtert, sondern auch die öffentlichen Budgets durcheinandergewirbelt: Die Einnahmen sind zurückgegangen, die Ausgaben hingegen stark gestiegen. Eigentlich logisch und normal für solche Phasen.

Eine sinkende Wirtschaftsleistung bedeutet üblicherweise Probleme in verschiedenen Branchen, einen Rückgang der Beschäftigung, steigende Arbeitslosigkeit und zur Gegensteuerung oft Krisenprogramme oder Konjunktur- bzw. Arbeitsmarktpakete, die mit entsprechenden Kosten verbunden sind.

Wie und wann bringt man die öffentlichen Budgets wieder ins Lot? Österreich scheint aus den schlechten Erfahrungen der Finanz- und Wirtschaftskrise 2008 gelernt zu haben und setzte aus guten Gründen unmittelbar auf einen expansiven Ausgabenkurs. Denn: Damals haben viele Länder – viel zu früh und gleichzeitig – auf eine neoliberale Spar- und Konsolidierungspolitik gesetzt und damit die Krisen in manchen Ländern verschlimmert. Mit ihrem synchronen Sparen und ihrem Fokus auf Austerität haben viele Staaten zu einer noch stärkeren ökonomischen Vollbremsung beigetragen.

Als unrühmliches Beispiel wird wohl die kurzsichtige „Troika-Politik" z. B. in Griechenland im Gedächtnis bleiben, die mit Einmaleffekten (z. B. Privatisierungen) und massiven Einschnitten in den Sozialstaat – im Arbeitsrecht, beim öffentlichen Dienst bis hin zur drastischen Kürzung von Pensionen – nicht nur gescheitert ist, sondern dem Land auch jede Chance auf seine nachhaltige Erholung genommen hat.[5] Bis heute sind dort die Narben in der Gesellschaft und insbesondere am Arbeitsmarkt sichtbar.[6] Statt die in der griechischen Verfassung festgezurrten Steuerprivilegien der Reichen (insbesondere der Reeder) zu beseitigen und mit den zusätzlichen Einnahmen den Aufschwung zu finanzieren, ging man lieber auf die Masse der griechischen Bevölkerung los und baute Schritt für Schritt die sozialen Standards zurück oder ab. Mit verordneter „Budget- und Spardisziplin" wollte man kurioserweise Wachstum stimulieren – ein absurdes Realexperiment, das sozial und wirtschaftlich verbrannte Erde hinterlassen hat.

Österreich hat sich in Reaktion auf die COVID-19-Pandemie vorerst – wohl auch in Kenntnis der Erfahrungen der letzten großen Krise – für einen anderen Kurs entschieden. Lange hieß es bei Wirtschafts- und Kurzarbeitsbeihilfen: „Koste es, was es wolle."[7] Im Budget bedeutete das ein Defizit von rund acht Prozent der Wirtschaftsleistung – und das war gut so. Einerseits wurden u. a. die pandemiebedingten Umsatzausfälle kompensiert, andererseits wurde im Rahmen der verschiedenen Kurzarbeitsmodellvarianten der Versuch unternommen, die Einkommensausfälle der Beschäftigten möglichst gering zu halten. Wären noch mehr Menschen arbeitslos geworden, als dies ohnehin passiert ist, wären die Einkommensverluste noch härter gewesen und die Konsumausgaben der privaten Haushalte noch stärker eingebrochen.[8]

Wenn die nächste Debatte zur Zukunft des Bundesbudgets ansteht, müssen wir genau darauf achten, ob verhindert werden kann, dass wieder zu früh und zu stark der Sparstift in zentralen Bereichen des Lebens – insbesondere im Sozialstaat – angesetzt wird.

Die EU-Kommission hat im Zuge der COVID-19-Pandemie mit der erstmaligen (!) Nutzung einer sogenannten Ausweichklausel ihr enges Budgetkorsett im Rahmen des Stabilitäts- und Wachstumspaktes abgelegt. Bis vorerst 2023 haben die EU-Mitgliedstaaten – also auch Österreich – nun die Möglichkeit, durch z. B. eine nationale Investitions- und Arbeitsmarktoffensive die Krise besser zu überwinden als früher. Unterstützend wirken dabei auch neue Geldtöpfe auf EU-Ebene (u. a. der Wiederaufbaufonds), die zusätzlich Investitionen auslösen und zum Teil auch einen Beitrag zu einem ökologisch und sozial nachhaltigeren Wirtschaften – Stichwort „Just Transition" – leisten.

Am falschen Ort und zur falschen Zeit zu sparen ist immer teurer, als Mittel für die „richtigen" Dinge in die Hand zu nehmen. Zukunftsinvestitionen – von Bildung bis zur Pflege – finanzieren sich nämlich zu wesentlichen Teilen selbst, wie ich später zeigen werde, und decken auch wichtige Bedarfe in der Gesellschaft. So sind z. B. einsparungsbedingte Bildungsbarrieren gleichermaßen unsozial und wirtschaftspolitisch teuer, da (junge) Menschen nicht zu Fachkräften werden können, die durch ihre Ausbildung und Leistung den Standort Österreich dauerhaft absichern können.

Darüber hinaus erfüllt Österreich die EU-Vorgabe, kein höheres Budgetdefizit als drei Prozent des BIP aufzuweisen, auf Sicht sehr gut. Trotz schwieriger wirtschaftlicher Rahmenbedingungen – Stichwort „Pandemiefolgen", „Krieg in der Ukraine", „Teuerung" – wird im Budgetbericht 2023 des Finanzministeriums das öffentliche Budgetdefizit zwischen 2024 und 2026 nie höher als zwei Prozent des BIP liegen.[9] Der Spielraum für notwendige Investitionen ist also da!

FAZIT

Budgetdisziplin ist keine Tugend per se – im Gegenteil: Sparen zum falschen Zeitpunkt verschlimmert mitunter konjunkturelle und in der Folge gesellschaftliche Probleme.

AUF EINEN BLICK

Definition:
Budgetdefizit = Neuverschuldung / BIP (Wirtschaftsleistung)

Risiken des Sparens zum falschen Zeitpunkt:
- Krisentäler/Rezessionen werden tiefer.
- „Angst-Sparen" der Haushalte und Unternehmen: weniger Ausgaben für z. B. Kleidung und weniger Investitionen (z. B. ein Betriebsgelände wird nicht erweitert, Maschinen oder der Fuhrpark werden nicht erneuert). Das dämpft die Nachfrage.
- Schlechte Reaktion des Staates: Wenn der Staat auch noch durch Sparen auf die Bremse steigt, findet ein Aufschwung nicht oder nur gedämpft statt.

Bessere Alternative zum Sparen:
„Raus"-Wachsen durch „Raus"-Investieren. Dafür soll der Staat den entsprechenden Spielraum für neue Schulden haben. Viele personalintensive Investitionen haben auch einen hohen Selbstfinanzierungsgrad!

... CHANCEN(UN)-GLEICHHEIT IN DER BILDUNG

Hierzulande werden Bildungskarrieren noch immer stark vererbt. Sie sind abhängig vom Einkommen des Elternhauses, vom Bildungs- und Migrationshintergrund sowie anderen sozialen Faktoren. Österreich zählt im OECD-Vergleich zu den Ländern mit der höchsten Bildungsvererbung.[10]

Nach wie vor – also seit Jahrzehnten – vermag das rot-weiß-rote Schul- und Bildungssystem nicht, die ungleichen Startbedingungen von Kindern auszugleichen. Es trennt sie folgenschwer bereits im Alter von zehn Jahren und ist damit eines der OECD-Länder mit der frühesten Bildungsauslese. Getrennt wird zwar nach scheinbar objektiven Leistungen, de facto aber entscheiden immer noch soziale Herkunft und Elternhaus über den Bildungserfolg von Kindern. Akademiker:innenkinder werden mit hoher Wahrscheinlichkeit selbst Akademiker:innen, Arbeiter:innenkinder bekommen deutlich seltener die Gelegenheit, einen Doktortitel oder andere akademische Weihen zu erreichen.[11]

Dass es oft weniger um die Leistungen der Kinder, sondern vielmehr um den Bildungshintergrund der Eltern geht, führen drei AK-Bildungsexpert:innen in einer Analyse aus: „Von den Kindern, die am Ende der Volksschule so gut lesen können wie der Altersdurchschnitt, gehen 60 Prozent auf ein Gymnasium, wenn sie aus Akademiker:innenfamilien kommen. Haben die Eltern hingegen maximal Pflichtschulabschluss, gehen nur 28 Prozent im Anschluss an die Volksschule in eine AHS-Unterstufe – bei gleicher Leseleistung."[12]

Wer ehrlich hinschaut, kann auch nicht übersehen, dass es im Bildungssystem immer wieder zu anderen Formen der brutalen Diskriminierung kommt. Zugespitzt – wie es Melisa Erkurt in ihrem Buch auch andeutet – könnte man sagen: Manchmal verbaut dir dein Vorname schon das Leben![13] Mohammed hat es deutlich schwerer als Christian. Sophia hat es wohl leichter als Dragica. Meinen eigenen Vornamen habe ich nach unzähligen schlechten Erfahrungen auch geändert – das muss man sich leisten wollen und können. 2011 war es bei mir so weit.

Zieht man eine Bilanz der jüngsten „Reformen" im Bildungsbereich, dann wird es schnell bitter: Die bildungspolitischen Maßnahmen unter Türkis-Blau haben nämlich die schon länger bestehenden Schieflagen im Bildungssystem weiter verschärft, statt diese abzubauen. Unter dem Titel „Bewährtes differenziertes Schulsystem erhalten und ausbauen" setzte man weiter bewusst auf das „Unterschiede-Machen" und noch stärkere Differenzierung. So wurde u. a. im Rahmen eines euphemistisch benannten „Pädagogik-Pakets" durch die Wiedereinführung der Ziffernnoten und durch das Sitzenbleiben ab der zweiten Klasse Volksschule wieder mehr schädlicher Druck ins Schulsystem gebracht – schädlich für Kinder und Eltern gleichermaßen. Nachhilfeunterricht wurde vermehrt zum teuren Mittel der Wahl, weil die Kinder wieder stärker in den Wettbewerb um Noten und Schulplätze getrieben wurden.

Am schlimmsten war aber die Einführung spezieller Deutschförderklassen. Türkis-Blau ist damit vielleicht ein begrifflicher Erfolg (positives Framing) gelungen, aber faktisch ist diese Art des Unterrichtens gescheitert, weil es sich eher um „Ghetto-Klassen" handelt und das gemeinsame Lernen mit muttersprachlich deutschsprachigen Kindern effektiver wäre. Zudem gab es übrigens weder eine Pilotphase noch Ansätze zur Evaluierung ihrer Wirksamkeit.

Seit dem Schuljahr 2018/19 werden somit Schüler:innen, denen ein Test „ungenügende" Deutschkenntnisse bescheinigt, in separaten Deutschförderklassen unterrichtet, wo sie den Großteil ihrer Schulstunden von der Regelklasse getrennt verbringen. Heute wissen wir z. B. aus einer Studie der Universität Wien, dass Kinder, Eltern und Lehrkräfte das sehr negativ erleben. Der AK-Bildungsexperte Oliver Gruber bringt es auf den Punkt: „Scham, Ausgrenzung und fehlende fachliche Förderung sind keine idealen Deutschlernbedingungen!" Denn: Fachlich führte der getrennte Sprachunterricht de facto zu einem Stillstand bzw. sogar zu Lernverlusten. Vielfach war es auch eine sozial einschneidende Ausgrenzungserfahrung und die Trennung brachte außerdem schulorganisatorisch für viele Schulstandorte eine Erschwernis.

Die andere radikale Selektion geschieht in Österreich bekanntlich am Ende der Volksschule. Bei der Frage, wer z. B. ins Gymnasium geht oder nicht, geht es oft weniger um die „Leistungen" der Kinder, sondern vielmehr um den Bildungshintergrund der Eltern. Allgemein gilt: Bildungsbarrieren aufzustellen und Sackgassen für manche Gruppen zu bauen, ist nicht nur aus bildungs- und sozialpolitischen Gesichtspunkten abzulehnen, beides ist auch gesellschaftlich „teuer".

Damit bleiben schließlich viele Talente und Potenziale unentdeckt. Denn „bildungsfern" ist niemand. Im Gegenteil: Alle Menschen sind lernfähig, wenn sie geeignete Bedingungen vorfinden und ihren Fähigkeiten entsprechend gefördert werden. Investitionen in diesem Bereich kommen nicht nur dem/der Einzelnen, sondern der Gesellschaft und der Gesamtwirtschaft zugute. Bildung trägt dazu bei, soziale, berufliche und gesellschaftliche Chancen gerechter zu verteilen. Als Chance zur persönlichen und beruflichen Entwicklung darf Bildung nicht gleichzeitig Mittel zur sozialen Auslese sein.

Macht man geistig einen Sprung von talentierten Kindern, die einfach nur Sprachdefizite in Deutsch aufweisen, in die oft raue Arbeitswelt von Menschen mit formal niedrigeren Bildungsabschlüssen – sofern sie überhaupt Abschlüsse haben –, zeigt sich schnell, wie stark auch im weiteren Lebensverlauf ausgesiebt wird. So hat das Thema AMS-Algorithmus zu Recht die Gemüter erregt.[14] Nach dem Matthäus-Prinzip („Wer hat, dem wird gegeben.") konnten Menschen, die bereits über einen guten Bildungsstock verfügten, weitere und oft passende Bildungswege einschlagen. Im Gegensatz dazu mussten genau jene, die diese Basis erst aufbauen mussten, mit wenig Angeboten rechnen. Apropos „rechnen" – genau darum ging es bei dieser unsozialen Form des Mitteleinsatzes. Laut AMS sollten knappe Mittel so „effizient" wie möglich eingesetzt werden und dabei müsse man genau hinsehen, ob es sich überhaupt „rechne", in die Menschen zu investieren! Dieser kurzsichtige, buchhalterische Zugang trifft aber wieder die Schwächsten der Gesellschaft am stärksten.[15]

Die nach wie vor hohe Bildungsvererbung in Österreich führt nicht nur zu unterschiedlichen Bildungsbiografien – das Lebensglück wird auch wesentlich vom Bildungsstand beeinflusst, zumindest ziemlich viel davon: die Durchgängigkeit der Berufslaufbahn, oft das Einkommen, die Sicherheit am Arbeitsplatz, die Autonomie bei der Arbeitsgestaltung, die Möglichkeit, sich weiterzubilden und letzten Endes auch die Lebenserwartung. Männer mit einem akademischen Abschluss leben z. B. im Durchschnitt um ganze sechs Jahre länger als jene mit einem Pflichtschulabschluss. Demnach kann man klar festhalten: Wer „vorne" im Lebenszyklus Grenzen für die Entwicklung setzt, hat sie vielfach auch „hinten" einzementiert.

Differenzierte Bildungspfade bedeuten mitunter ein sehr starkes „Aussieben" und eine massive Vergeudung von Talenten. „Differenzieren" ist damit auch eine Art Spaltung in Menschen mit mehr Chancen und solche mit deutlich weniger Chancen.

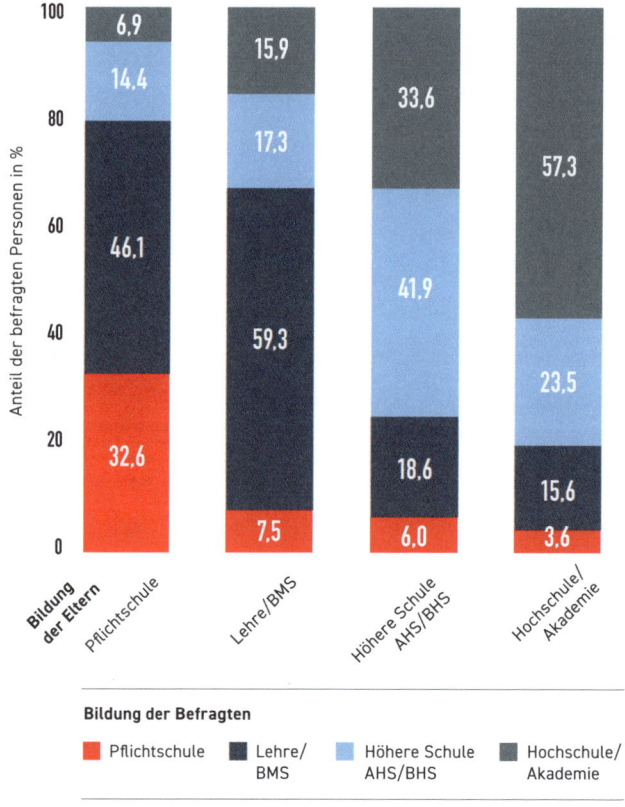

Intergenerationeller Bildungsvergleich: 25- bis 44-Jährige vs. Eltern

Werte aus Erwachsenenbildungserhebung 2016/2017

Bei den 25- bis 44-Jährigen, deren Eltern einen Hochschul-/ Akademieabschluss hatten, wurden 57,3 Prozent der Befragten selbst Akademiker:innen.

Quelle: Statistik Austria (2022), Bildung in Zahlen 2020/21, S. 101; eigene Darstellung.

... DIFFAMIERUNG DER „ÜBLICHEN VERDÄCHTIGEN"

Bei den „üblichen Verdächtigen" denken viele sicher an den gleichnamigen Filmklassiker mit Kevin Spacey, in dem der Protagonist eine schaurige und gleichzeitig spannende Geschichte erzählt, die von den eigenen Schandtaten ablenkt. Fast genauso würde ich die strukturelle Abwertung im Sozialstaatsdiskurs gegenüber bestimmten Gruppen in der Gesellschaft sehen. Sie betrifft allen voran Asylwerber:innen, Arbeitslose, Migrant:innen, Sozialhilfeempfänger:innen, Niedrigqualifizierte, Beamt:innen mit scheinbaren Privilegien – um nur ein paar negative „Klassiker" zu nennen.

Sie werden oft von Populist:innen sogar mit faktisch und empirisch unhaltbaren Angriffen übel zu Projektionsflächen gemacht. Sie werden als Blitzableiter missbraucht – für Wut und Enttäuschung, vielleicht auch über die eigenen Lebensrealitäten, in erster Linie aber als Ablenkung von echter Umverteilung von unten nach oben.

Hier möchte ich mich vorerst nur mit der Gruppe der Sozialhilfebezieher:innen und den Arbeitsuchenden auseinandersetzen. Im hinteren Teil des Buches gehe ich mehr auf die Themen Solidarität und Wohlfahrtschauvinismus, Asyl und Migration ein.

Es ist fast absurd, wie ausufernd über vermeintlichen Sozialmissbrauch in Österreich diskutiert werden kann. Oft wird unter Bezugnahme auf schlichtweg hypothetische Riesenfamilien mit aberwitzigen Förderkonstellationen und Sozialhilfebezügen ein viel zu großzügiges Bild vom letzten Netz im Sozialstaat als „Normalfall" gezeichnet. Dass es oft konstruierte Beispiele sind, die es nur in der Zeitung, aber nicht in der Realität gibt, scheint viele nicht sehr zu stören.

Die Sozialhilfe bzw. Mindestsicherung macht deutlich weniger als ein Prozent der gesamten Sozialleistungen aus, trotzdem wird sie zum Reibebaum. Im Schnitt erhielten 2021 Sozialhilfebezieher:innen lediglich 712 Euro pro Monat.[16] Für mich spannend war in der Debatte stets Ulrike Herrmanns Gedanke, dass die Klage über eine vermeintliche Überversorgung oder gleichgelagerte Vorwürfe gegenüber Menschen in sozialer Not völlig fehlgeleitet sind.[17] Sie kritisiert als deutsche Wirtschaftsjournalistin und Autorin sehr bildlich, warum sich die „Mitte" der Gesellschaft eher mit den „Oberen" und Reichen solidarisiert, auf die „unten" hintritt und gerade bei den Schwächsten Leistungskürzungen einfordert, statt von den „Oberen" einen fairen Teil ihres großen Kuchens einzufordern. Runterschauen oder geistig gar runterspucken gelingt vielen anscheinend leichter, obwohl der Abstand zu den Menschen „unten" deutlich kleiner ist als zur privilegierten Gruppe der Vermögenden oder Spitzenverdiener:innen, denen ein Verzicht auf die zweite Yacht wohl weniger wehtut im Vergleich zur Sozialhilfeempfängerin, bei der 50 Euro haben oder nicht haben schon einiges ausmacht.

Warum entsolidarisiert sich die „Mitte" eigentlich von den ärmeren Teilen der Gesellschaft und solidarisiert sich mit der Schicht der Reichen? Mir bleibt es in vielen Fällen ein Rätsel. Die bewusste Spaltungsrhetorik der letzten Jahre hat den sozialen Zusammenhalt nachhaltig torpediert.

Analog zur Sozialhilfe/Mindestsicherung ist die Debatte um ein vermeintlich großzügiges Arbeitslosengeld absurd: Knapp die Hälfte (55 Prozent) von einem niedrigen oder mittleren Einkommen ist einfach zu wenig für ein gutes oder zufriedenes Leben. Also wenn jemand 1.500 Euro netto im Monat verdient hat, stehen dann nur mehr knapp über 800 Euro Arbeitslosengeld zur Verfügung – das reicht heute doch kaum zum Leben!

Die Pandemie hat zudem klar aufgezeigt, dass es so gut wie keine „sicheren" Arbeitsplätze mehr gibt. Auch die Digitalisierungstrends in der Arbeitswelt und die insgesamt steigenden Qualifikationsanforderungen tragen nicht gerade zur Stabilität von Beschäftigungsverhältnissen oder stetigen Erwerbsbiografien bei.

Für Österreich würde ich den groben Befund zulassen: Wir haben einen „polarisierten" Arbeitsmarkt. Das heißt, es gibt sowohl Gruppen mit langer, stabiler Berufslaufbahn als auch Gruppen, die öfter ihren Status zwischen Anstellung, AMS, Selbstständigkeit oder Prekariat wechseln. Ganz ehrlich – hier gilt wieder: Die Durchschnittsfrau und der Durchschnittsmann sind wohl viel näher am „Schicksal" dran, arbeitslos zu werden, als in einem feinen, gemütlichen Vorstandssessel oder auf einem Berg an Vermögen zu sitzen und stets – wenn überhaupt – nur sehr weich zu fallen.

Die vorerst gescheiterten Ideen von Arbeits- und nunmehr auch Wirtschaftsminister Martin Kocher zur Verschärfung der Zumutbarkeitsbestimmungen für Arbeitslose oder zur Neugestaltung des Arbeitslosengelds („degressives Arbeitslosengeld") sind alles andere als ein innovativer Ansatz. Im Gegenteil: Allfällige Leistungskürzungen gehen noch mehr an die körperliche und psychische Substanz der von längerer Arbeitsuche Betroffenen und ihrer Familien. So entstehen zusätzliche (Abstiegs-)Ängste, die die Freiheit der Menschen noch mehr beschränken. Wir wissen, dass Angst lähmt, und dennoch nehmen wir anscheinend in Kauf, dass die gesellschaftliche und demokratische Teilhabe der Arbeitsuchenden limitiert wird.

Ich würde es noch klarer zuspitzen: Das mit dem „Vorschlag" Kochers laufend transportierte Menschenbild ist nichts anderes als die rohe Verachtung gegenüber Arbeitsuchenden bzw. ihrer Lebensumstände und zusätzlicher Druck auf lohnabhängige Menschen. Auch zu Zeiten sozialdemokratisch geführter Regierungen wurden immer wieder vergleichbare Debatten zur Verschärfung von Zumutbarkeitsbedingungen geführt und dabei wurde z. B. der Einkommens- bzw. der Berufsschutz schrittweise ausgehöhlt.

Diese Haltung und die mit ihr verbundenen Zugänge halte ich insgesamt für extrem zynisch. Denn: Es sind genau die Arbeitsuchenden, die oft nach offensichtlichen Managementfehlern, wegen absurder Manager:innen-Anreizprogramme unter dem Motto „höherer Bonus bei größerem Personalabbau oder Einsparungen bei den Personalkosten" oder einfach großen Umbrüchen in der Wirtschaft (z. B. Dekarbonisierung) ihren Arbeitsplatz verlieren und am Ende des Tages die bittere Zeche zahlen müssen.[18] Der Schutzschirm ist in Zeiten von Arbeitslosigkeit – entgegen der vielen Mythen – nicht sehr robust.

FAZIT Diffamieren von einzelnen Gruppen ist oft das Durchschneiden des Solidaritätsbands in der unteren Einkommenshälfte der Gesellschaft.

AUF
EINEN
BLICK

Ist die Sozialhilfe/Mindestsicherung zu teuer?

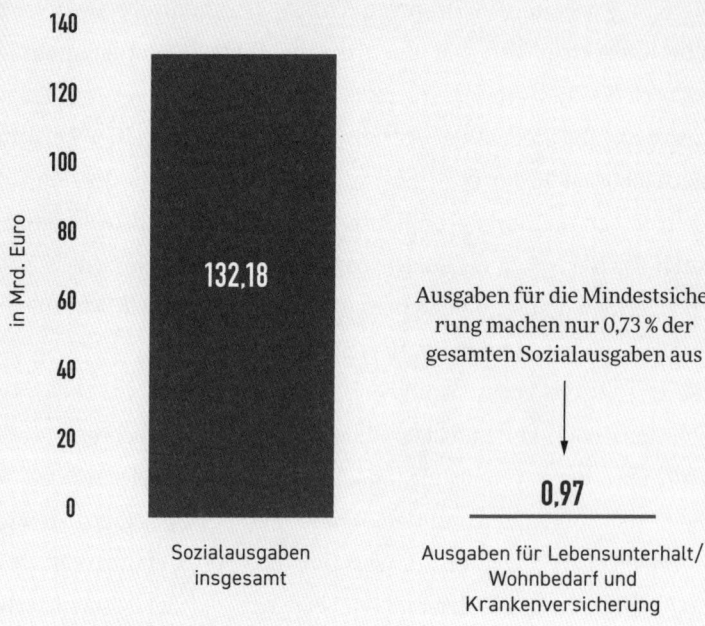

in Mrd. Euro

140
120
100
80
60
40
20
0

132,18

Ausgaben für die Mindestsicherung machen nur 0,73 % der
gesamten Sozialausgaben aus

↓

0,97

Sozialausgaben
insgesamt

Ausgaben für Lebensunterhalt/
Wohnbedarf und
Krankenversicherung

Quelle: AK Wien (2022), Daten für 2021 – basierend auf Statistik Austria (2022); Darstellung: Norman Wagner.

E
... ELITEN VERSUS „PÖBEL"

Ja, ich gebe es zu: Ich war Heinz-Christian Strache schon mal sehr dankbar – das überrascht mich selbst! Ohne das Ibiza-Video bzw. den Ibiza-Untersuchungsausschuss wäre uns allen nämlich der Blick in die Seele der politischen „Elite" dieser Zeit wohl verwehrt geblieben. Die Chatprotokolle aus dem Umfeld der türkisen Regierungsmitglieder lassen sehr tief blicken. Da war von „Pöbel" die Rede und auch andere Abwertungen tauchen darin auf, z. B. wurden Menschen als „Tiere" bezeichnet. Auch seitens hoher Justizbeamter gab es schändliche Zeilen, von denen sich später alle zu distanzieren versuchten. Die Wogen der berechtigten Empörung waren dann doch mächtiger als das Ego der unrühmlichen, v. a. männlichen Protagonisten.

Ich tue mir seit vielen Jahren schwer, mich in die Köpfe und Herzen dieser Personen im elitären Machtzirkel hineinzuversetzen. Aber das Wichtigste scheint ihnen zu sein, „Abstand" zu weniger privilegierten Menschen herzustellen.

Das Abstand-Herstellen kann viele Dimensionen haben, wohl auch von A bis Z: Symbolisch beginnt es oft beim „A" wie Auto (ein „großes" Auto oder Dienstauto mit Chauffeur:in) und reicht bis hin zu „Z" wie Zugang zu Spezialwissen, das dann vorteilhaft für einen auserwählten Kreis im wahrsten Sinne des Wortes verwertet wird. Prototypisch war man lange Zeit geneigt, an den ehemaligen Finanzminister Karl-Heinz Grasser und seine Freunde zu denken. Heute landet man mittlerweile beim täglichen Zeitunglesen sehr schnell beim aktuellen bzw. ehemaligen türkisen Machtzirkel rund um „Altkanzler" Sebastian Kurz. Insider hatten stets einen Vorteil.

Aus heutiger Sicht ist mehrfach belegbar, dass bei einigen mitunter Eigeninteresse vorging und die Allgemeinheit schlichtweg übrigblieb! So wurde beispielsweise der geplante milliardenschwere, gesellschaftlich überfällige, Ausbau der Nachmittagsbetreuung aktiv sabotiert, um sich selbst neuwahltaktische Vorteile zu verschaffen.[19]

Wenn wir schon bei Abstand sind, dann kommen wir auch unmittelbar zur Relation von Management-Einkommen zu jenen der Beschäftigten. Bei dieser Analyse von Manager:innengehältern habe ich mir oft die Frage gestellt: Wie lässt sich deren Höhe von z. B. einem 50- bis 100- oder in Einzelfällen gar 300-Fachen des Durchschnittseinkommens von „normalen" Einkommensbezieher:innen rechtfertigen?[20] Mit einer 50- bis 100-fachen oder 300-fachen Leistung? Wohl kaum.

Da standen dann 2021 im Durchschnitt Millionengagen – 2,8 Millionen Euro für Vorstandsvorsitzende von börsennotierten Unternehmen in Österreich – einem mittleren Einkommen von Beschäftigten in der Höhe von rund 31.000 Euro brutto gegenüber.[21] Bei einem Stundenlohn von knapp 730 Euro muss ein Vorstandsvorsitzender bzw. die einzige weibliche Vorsitzende lediglich 48 Stunden arbeiten, um das mittlere Jahreseinkommen eines bzw. einer Beschäftigten in Österreich zu erreichen!

Dieser Gedanke der absurden Relationen soll keinesfalls die Leistung von Unternehmensführungen per se infrage stellen. Ich zolle auch vielen Leistungen und Entscheidungen Respekt. Mir ist dennoch wichtig, dass sich dieses ungeheure Einkommensgefälle zusehends nivelliert! Wie ginge das bloß? Ganz einfach: Durch Obergrenzen „oben" und durch höhere Einkommen „unten" wäre dies leicht möglich, ohne die Einkommenssumme insgesamt groß zu verschieben.

Ob der Wille zur Veränderung in diese Richtung groß ist, ist fraglich. Eher ist das Gegenteil der Fall: Der „Bonus" im Management steigt oft auch, wenn der Druck auf die Einkommen der Beschäftigten steigt oder sogar die Belegschaftszahlen sinken und harte Einsparungen auf Kosten der Arbeitsbedingungen vorgenommen werden. Dass Leiharbeiter:innen in der Buchhaltung als „Sachaufwand" aufscheinen, ist nur ein kleines Detail der Abwertung in der Arbeitswelt. Na ja, vielleicht sehr zugespitzt: Wenn es dem Einkommen einiger weniger hilft …

Nennen wir es vorsichtig „unschön": Zunehmend verstört die offen gelebte Harmonie zwischen wirtschaftlicher und politischer Elite. Ein Treffen hier, ein Deal auf Basis von Exklusivwissen dort, eine kleine Hilfe vom (Finanz-)Amt bei einem Steuerproblem im Ausland da. Wenn der „Doppelpass" von Wirtschaft und Politik der ist, dass die einen die Steuern für die anderen senken und der Kick-back z. B. in Form von Parteispenden oder anderen Arten der „Gegenleistung" geschieht, dann kommt einem Frank Stronachs geflügeltes Wort in den Sinn: „Wer das Gold hat, macht die Regeln."

Diese neo-feudalistische Denkweise ist ein Offenbarungseid und zeigt die demokratiefeindliche Konzentration von Besitz und Macht. Zum Schluss heben die Günstlinge der Machtzirkel ab, die Mehrheit wird hingegen abgehängt. Wenn dann die erkaufte Medienmacht auch noch den nötigen Rückenwind sichert, braucht man sich nicht wundern, dass offensichtliche „Fehlleistungen" innerhalb der Elite zugedeckt werden, während andere, verwundbare Gruppen diffamiert werden. Sehr zynisch das Ganze.

FAZIT

Eliten wollen „Abstand" herstellen – auch wenn das Armut, Abwertung und Abstiegsangst von anderen bedeutet.

AUF EINEN BLICK

Top-Manager:innen brauchen nur

48

Stunden zu arbeiten, um das mittlere Jahreseinkommen einer/eines Beschäftigten zu erreichen.

Quelle: AK Wien (2023), Aufbereitungen zum Fat Cat Day 2023; eigene Darstellung.

F

... FINANZIERBARKEIT DES ELEMENTAREN GESICHERT? LEIDER NEIN!

Wie kann es sein, dass zwei Positionen – trotz gleicher Datengrundlagen – sozialpolitisch meilenweit auseinanderliegen? So hört man von Sozialstaatskritiker:innen sinngemäß: „Die Ausgaben rennen uns davon!" Von den Sozialstaatsbefürworter:innen kommt berechtigterweise der Gegenbefund: „Die Ausgaben sind seit Mitte der 1990er-Jahre stabil!"

Dass ich zur letzteren Gruppe gehöre und gute empirische Argumente für diese Position habe, zeige ich noch detaillierter im Buch anhand der Entwicklung der Sozialausgaben im Verhältnis zur Wirtschaftsleistung ab 1990 (für Details vgl. Buchstabe S zum Thema Statistik in Teil 1).

Das Redaktionsteam von www.sozialleistungen.at, dem ich auch angehöre, ist seit Jahren bemüht, diese unsägliche Finanzierbarkeitsdebatte, die technisch oft als Diskurs zur „Tragfähigkeit öffentlicher Haushalte" verschleiert wird, zu versachlichen und evidenzbasiert gute Angebote für die eigene Meinungsbildung zu machen.

Die Wirtschaft wächst (fast) jedes Jahr, die Preise steigen ebenso jedes Jahr aufgrund der Inflation. Natürlich steigen da nominell auch die Sozialausgaben – von rund 20 Milliarden Euro (1980) auf über 100 Milliarden Euro (2019) und krisenbedingt 2020 und 2021 sogar auf rund 130 Milliarden Euro.[22] Mit dieser „nominellen" Verfünf- oder Versechsfachung lässt sich gut Stimmung gegen den Sozialstaat machen, es ist meiner Meinung nach aber unredlich. Wenn wir – alle Leser:innen werden es wohl altersbedingt nicht schaffen – unsere Lohnzettel von heute mit denen vor z. B. 20 oder 40 Jahren vergleichen, dann haben wir sicher auch nicht das Gefühl, dass wir drei oder sechs Mal so viel verdienen wie früher, selbst wenn es mathematisch stimmen sollte. Es wurde ja nicht nur das Einkommen „mehr", auch die Preise sind gestiegen (vgl. Inflationsentwicklung), und ich bezweifle, dass wir damit heute alle drei oder sechs Mal reicher sind. Denken wir nur an die aktuelle Teuerung – ich fühle mich nicht sehr beglückt!

Somit macht der Vergleich der Sozialausgaben im Zeitverlauf nur Sinn, wenn man sie mit der Wirtschaftsleistung (Bruttoinlandsprodukt, BIP) des jeweiligen Jahres in Beziehung setzt. Und siehe da: Die Ausgaben sind im Zeitverlauf ziemlich stabil und es besteht kein Grund zur Panik! Die Sozialleistungen sind und bleiben finanzierbar – auch unter den gegebenen, schwierigen Bedingungen. Denn über ein Vierteljahrhundert hinweg (1995 bis 2019) betrug die sogenannte Sozialquote in Österreich zwischen 27 und 30 Prozent. Sie misst den Anteil der Brutto-Sozialausgaben – also von Familienbeihilfe, Pensionen, Spitalsausgaben bis zum Pflegegeld – an der Wirtschaftsleistung (BIP). Zieht man die Steuern und Abgaben ab, die auf bestimmte Sozialleistungen (z. B. Pensionen) zu zahlen sind, liegt die Netto-Sozialquote sogar drei Prozentpunkte niedriger. Pandemiebedingt kam es aber 2020 zu einem historischen Höchststand von 34,4 Prozent. Seither sinkt die Sozialquote wieder schrittweise Richtung 30 Prozent. Insgesamt betrachtet liegt Österreich mit diesem Ausgabenniveau traditionell im oberen Feld der EU-Länder.

Veränderungen der Sozialquote werden entsprechend von Veränderungen im Zähler (Summe der Sozialleistungen) und im Nenner (BIP) verursacht. In der Hochkonjunktur sinkt die Sozialquote durch eine gute BIP-Entwicklung und z. B. durch sinkende Ausgaben für Arbeitslosigkeit. In Krisenzeiten hingegen erhöht sich die Sozialquote automatisch, weil auch der Bedarf an Sozialleistungen (z. B. Arbeitslosenunterstützung, Kurzarbeit) steigt – und sie steigt noch stärker, v. a. aber weil das BIP sehr konjunkturabhängig ist und in Krisenzeiten sogar sinken kann, wie das etwa 2020 der Fall war.

Was wäre aber die Alternative zu steigenden Sozialausgaben in Krisenzeiten? Ich möchte mir nicht ausmalen, welche Folgen eine große Kürzungswelle im heimischen Sozialstaat hätte – in Griechenland haben wir diese unsoziale Politik ja traurigerweise mitverfolgen müssen. Fakt ist: Ohne Sozialstaat – insbesondere die gesetzlichen Pensionen – wäre die Armut in Österreich drei Mal so hoch! Mehr als drei Viertel aller Ausgaben fließen in die Bereiche der Alterssicherung, Gesundheitsversorgung und in die Familienförderung.[23]

Der als Einleitung für Sparpakete im Sozialbereich oft strapazierte Satz „Wir haben ein Ausgabenproblem." ist angesichts der bisherigen Darstellungen mehr als zweifelhaft. Wir haben vielmehr ein Solidaritätsproblem bei der Finanzierung! Solange die Einnahmenseite (vgl. Abgabenquote) von den Eliten und sozialstaatsfeindlichen Thinktanks nicht erfolgreich erodiert wird, sehe ich auch für die Zukunft wenig Bedrohung für die Finanzierbarkeit des Sozialstaats. Allen ist klar: Angesichts der demografischen Entwicklung und der Alterung der Gesellschaft werden wir mehr Geld z. B. für Pflege, Gesundheit und Pensionen brauchen. Das bedarf auch einer solidarischen Finanzierung!

FAZIT

Die Sozialquote entwickelt sich über viele Jahre stabil. Solange die Abgabenquote ebenfalls stabil bleibt bzw. moderat steigt und demografische Verschiebungen ausreichend budgetär dotiert werden, bleibt die soziale Absicherung in Österreich gut!

AUF EINEN BLICK

Aus der Vergangenheit lernen – Abgabenquote und Sozialschutz müssen sich im Parallelschwung entwickeln!

Der Anstieg der Zahl der über 80-Jährigen von 5 % der Bevölkerung auf 11 % und jener über 65 von 20 % auf 30 % bedeutet höhere Pflege-, Gesundheits- und Pensionsausgaben und den Anstieg altersabhängiger Ausgaben von 26 % auf 30 % des Bruttoinlandsprodukts im Jahr 2070. Höhere Sozialausgaben von 4 % des BIP müssen erst einmal finanziert werden. Ist damit der Sozialstaat pleite, wie die Neoliberalen hoffen? Nein. Denn in den vergangenen 50 Jahren war die Herausforderung größer: 1970 betrugen die Sozialausgaben 20 % des BIP. Dann wurden die Sozialleistungen für Alte, Familien, Kranke, Arbeitslose und Pflegebedürftige verbessert, die Ausgaben stiegen auf 29 % des BIP im Jahr 2019. Doch von einer Pleite keine Spur. Die Finanzierung erfolgte über einen Anstieg von Steuern und Beiträgen von 34 % 1970 auf 43 % des BIP. Bessere Sozialleistungen werden solidarisch durch höhere Abgaben finanziert.

Quelle: Markus Marterbauer in Arbeit&Wirtschaft 6/2022, S. 24; geänderter Titel; eigene Darstellung.

... GLEICHSTELLUNG UND GENDERN – WOZU?

Dass Österreich in Gleichstellungsfragen eher ein „Entwicklungsland" ist, sollte beunruhigen. Neidvoll müssen wir – nicht nur Frauen! – in die skandinavischen Länder blicken, wo Gleichstellung und bessere Vereinbarkeit von Beruf und Familie nicht nur in politischen Sonntagsreden vorkommen, sondern schlichtweg gelebt werden.

Woran kann man den Nachzüglerstatus Österreichs festmachen? Die frauenfeindlichen Chats der türkisen Macht-Clique – Stichwort „steuerbare Frauen" – sind nur die prominente Spitze des Eisbergs einer strukturellen Benachteiligung bzw. Abwertung von Frauen in Wirtschaft und Gesellschaft. Das zeigt sich auch statistisch: So arbeitet fast jede zweite Frau Teilzeit, und das oft nur mit wenigen Stunden. Rechnet man diese Teilzeitbeschäftigten in Vollzeitäquivalente um, liegt die Beschäftigungsquote sogar hinter jener Rumäniens – ein Land, das nicht gerade als prosperierend gilt.

Die hohe Teilzeitquote von Frauen aufgrund von Betreuungspflichten ist mit 18,5 Prozent doppelt so hoch wie im EU-Durchschnitt (EU-27: 7,6 Prozent, 2020) und spiegelt die Defizite bei der sozialen Infrastruktur von Kinderbetreuung bis Pflege wider.[24] Wovor haben die – zufällig fast immer männlichen – Finanzminister Angst bzw. was hindert sie daran, für diese elementaren Bereiche Geld in die Hand zu nehmen? Diese Investitionen würden sich nicht nur ökonomisch rechnen (z. B. durch hohe Rückflüsse, Lohnabgaben,

Ersparnis bei Sozialleistungen), sie könnten auch ein Fortschritts-Turbo für Gleichstellungsfragen sein.

Oft kommen bei meinem kritischen Befund der Gleichstellungsdefizite reflexartige Gegenfragen: „Gibt es gar keinen Fortschritt? Haben wir nicht genug an Frauenförderung unternommen oder reicht es nicht, wenn wir geschlechtssensibler als früher reden und schreiben?" Der Blick auf den Gender-Pay-Gap gibt die glasklare Antwort: Nein. Er zeigt die eklatanten Unterschiede zwischen den durchschnittlichen Bruttostundenverdiensten von Frauen und Männern in privatwirtschaftlichen Unternehmen mit zehn und mehr Beschäftigten. Europaweit war nur in Estland und Lettland das geschlechtsspezifische Verdienstgefälle 2020 höher als hierzulande (Gender-Pay-Gap: Österreich 18,9 Prozent; EU-27: 13 Prozent) – unrühmlich, in diesem Bereich „vorne" dabei zu sein! Die Einkommensschere fällt noch größer aus, wenn man schlicht die Bruttojahreseinkommen von Männern und Frauen vergleicht: Bei dieser Berechnungsmethode verdienen Männer zwischen 30 und 40 Prozent mehr als Frauen.

Wo ich daher zustimme: Gendern allein reicht nicht! Gleichzeitig ist es aus meiner Sicht unerlässlich, geschlechtssensibel zu denken und zu formulieren. Dass man sich heute noch immer darüber aufregt, wie aufwändig und umständlich dieses Gendern wäre, lässt mich kopfschüttelnd zurück.[25]

Wenn ich Kindern beim Spielen zuhöre und sie sagen, sie wollen „Pilot oder Pilotin" werden, dann haben sie wohl mehr verstanden als viele andere in dieser männerdominierten Welt. Denn: Frauen sollen ihre Talente, Ausbildungen und Qualifikationen, die im Übrigen im Durchschnitt höher sind als jene der Männer, überall einbringen dürfen und können. Ist es nicht beschämend, dass wir im 21. Jahrhundert noch immer Debatten über Quoten und Frauenförderpläne führen, weil es nicht selbstverständlich ist, dass Frauen gleichrangig mitreden und mitentscheiden? Meine bisherige Berufslaufbahn dürfte in diesem Kontext eher untypisch sein: Ich habe immer gerne hierarchisch „unter" und v. a. mit Frauen gearbeitet. Dabei haben sich meine Perspektiven und Horizonte insbesondere durch den respektvollen Austausch erweitert!

Analysiert man die Regierungsprogramme der letzten Jahr(zehnt)e, so gewinnt man unweigerlich den Eindruck: Da gibt es keinen großen Wunsch der „mächtigen" Männer nach Veränderung. Wenn ich aktuell „Familienbonus" – konstruiert als steuerlicher Absetzbetrag, der eher Männern durch ihr höheres Einkommen als deren Familien zugutekommt – oder „Pflege-daheim-Bonus" lese, dann sehe ich das als frauenpolitischen Rückschritt und die sprachliche Verschleierung einer im Wesentlichen „Frauen-zurück-an-den-Herd"-Politik durch einen vermeintlichen Wohlfühlbegriff („Bonus"). Geldleistungen wurden z. T. erhöht oder neu eingeführt, aber: Geld pflegt oder betreut nicht! Beim Ausbau der sozialen Infrastruktur hinken wir weiter hinterher. Der Vergleich mit den skandinavischen Ländern ergibt erneut das Bild, dass wir im (neo)konservativen Gesellschaftsentwurf gefangen bleiben und Frauen mehr Türen verschließen, anstatt sie ihnen zu öffnen!

Die Gesellschaft tut sich insgesamt anscheinend sehr schwer, bestimmten Arbeiten – gerade wenn es um schwierige „Care-Arbeit", also Arbeit mit und am Menschen, geht – einen angemessenen Wert zu geben. Einerseits wird von Frauen oft die Gratisarbeit mitunter mit viel familiärem Druck v. a. in ländlichen Regionen erwartet. Andererseits hinkt auch die Bezahlung von Betreuungsberufen – vom Bildungswesen über das Gesundheitswesen und die Sozialarbeit bis hin zur Behindertenbetreuung – basierend auf den letztverfügbaren Zahlen mit rund 14 Euro Stundenlohn brutto jener in technischen Berufen deutlich hinterher. Der Unterschied beträgt fast 50 Prozent!

Über 50 Prozent – genauer 55 Prozent – beträgt auch der Care-Gap zwischen den Geschlechtern. Wenn also Betreuungspflichten da sind, dann werden Frauen sehr schnell und „automatisch" in die Verantwortung gebracht. Als ich selbst Vater wurde, wurde mir in der Väterkarenz als oft einzigem Mann z. B. in Krabbelgruppen schnell bewusst: Ich bin ein „Exot". Nur warum? Wir geben uns nach außen modern und technisch fortschrittlich, als Gesellschaft versagen wir aber kläglich in Gleichstellungsbelangen! So unterbrechen beispielsweise nur zwei Prozent der Väter in Partnerschaften die Erwerbstätigkeit für drei bis sechs Monate Väterkarenz – ich durfte einer davon sein.

 **FAZIT** Gleichstellungspolitik bedeutet auf Augenhöhe Möglichkeiten für beide Geschlechter zu schaffen! Da ist noch unglaublich viel zu tun.

Frauen müssen als Elternteil beruflich massiv zurückstecken!

So teilen sich Eltern die Erwerbstätigkeit auf

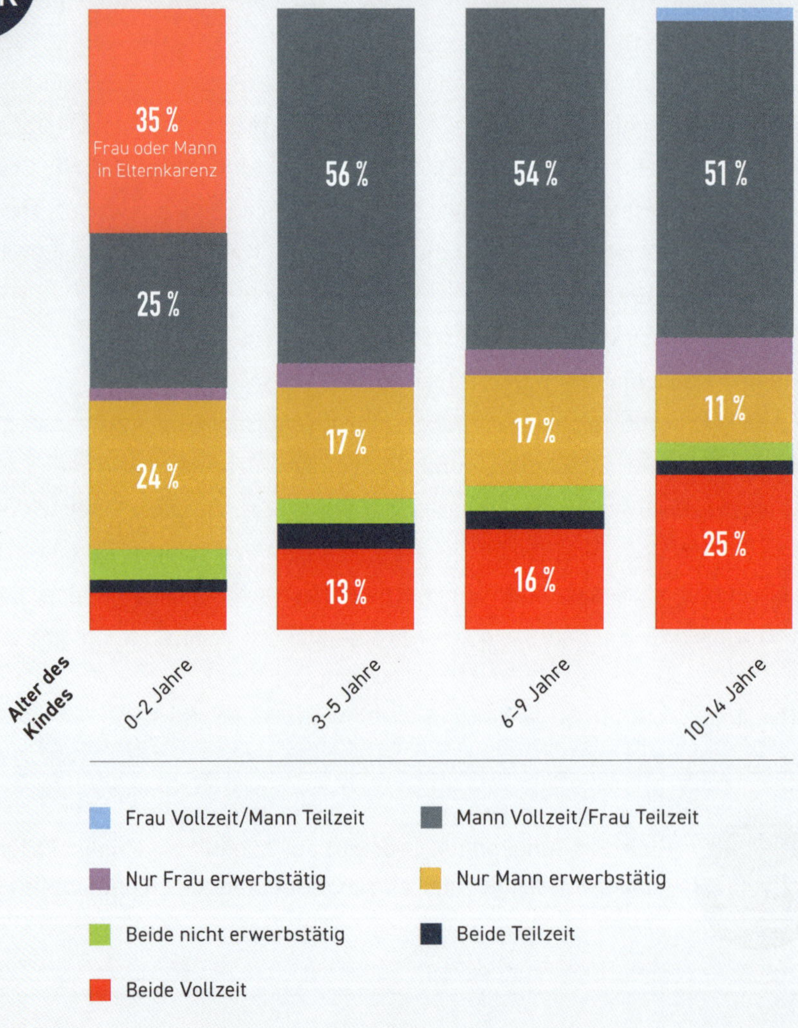

0–2 Jahre:
- 35 % Frau oder Mann in Elternkarenz
- 25 %
- 24 %

3–5 Jahre:
- 56 %
- 17 %
- 13 %

6–9 Jahre:
- 54 %
- 17 %
- 16 %

10–14 Jahre:
- 51 %
- 11 %
- 25 %

Alter des Kindes

Legende:
- ■ Frau Vollzeit/Mann Teilzeit
- ■ Mann Vollzeit/Frau Teilzeit
- ■ Nur Frau erwerbstätig
- ■ Nur Mann erwerbstätig
- ■ Beide nicht erwerbstätig
- ■ Beide Teilzeit
- ■ Beide Vollzeit

Quelle: AK Wien (2022), Grafik von Katharina Mader et al. auf Basis von Statistik Austria (2021); eigene Darstellung.

... HARMONISIERUNG VON LEISTUNGEN

Nehmen wir an, die Bundesregierung möchte die Gesundheitsversorgung in Österreich so umbauen, dass alle Versicherten – unabhängig davon, ob selbstständig/unselbstständig oder als Beamt:innen oder Landwirt:innen erwerbstätig – mit gleichen Leistungen rechnen können und dabei noch eine „Patientenmilliarde" durch die Fusion wichtiger Versicherungsträger übrig bleibt. Dieser Plan würde echt gut klingen. Dass er von Anfang an unglaubwürdig war und natürlich nicht aufgegangen ist, das hat auch der Rechnungshof mittlerweile mehrfach bestätigt.

Aus meiner Sicht und jener einschlägiger Expert:innen wäre die vernichtende Bewertung der türkis-blauen Regierungspläne zur Reform unseres Gesundheitssystems durch den Rechnungshof klar genug gewesen: „Die finanziellen Erläuterungen sind mangelhaft und bieten keine geeignete Grundlage für eine informierte Beschlussfassung. Das im Rahmen der Präsentation gesetzte Reformziel der Einsparung von einer Milliarde Euro ist im Entwurf nicht enthalten, Mehrkosten sind nicht berücksichtigt."[26]

Dass diesem Luftschloss in der Realität natürlich die Luft ausgegangen ist, sollte demnach nicht überraschen. Im Gegenteil: Im Endeffekt blieben Mehrkosten durch die Fusion, lukrative Aufträge für Beraterfirmen, nach wie vor unterschiedliche Leistungen („Dreiklassenmedizin") und allem voran, dass die Versicherten selbst nicht mehr die Mehrheit in den Entscheidungsgremien haben. Letzteres mag wie ein technisches Detail wirken, ist es aber nicht. Hier ist es klar zu einer Machtverschiebung zulasten der

Arbeitnehmer:innen und Pensionist:innen gekommen – und zugunsten der Arbeitgeberverbände.

Für die meisten ist der Begriff Zweiklassenmedizin gängiger. Damit verbindet man für gewöhnlich, dass es im Unterschied zur Masse eine kleine Gruppe gibt, die z. B. durch eine Privatversicherung oder gute Kontakte zu (Wahl-)Ärzt:innen einen privilegierten Zugang zu Leistungen im Rahmen der öffentlichen Gesundheitsversorgung bekommt. Davon träumen viele: zeitnahe Arzttermine, schnelle Befunde, schnelle Operation und optimale Nachversorgung.

Die Realität ist aus meiner Sicht tatsächlich noch brutaler (geworden): Heute entscheidet der Wirtschaftsbund – faktisch also wenige ÖVP-nahe Wirtschaftstreibende – über die wesentlichen Gesundheitsleistungen für die rund sieben Millionen Versicherten in der Österreichischen Gesundheitskasse (ÖGK) für die Unselbstständigen. Die Zuspitzung des AK-Gesundheits- und Pensionsexperten Wolfgang Panhölzl bringt es auf den Punkt: „Das ist ein Rückschritt ins 18. Jahrhundert, als das Wohlwollen der ‚Diensthälter‘, ‚Fabrikanten‘ und ‚Gewerbetreibenden‘ die Krankenversorgung der ‚Dienstnehmer‘ bestimmte."[27]

Die Umverteilung nach „oben" im Gesundheitsbereich geht also – wie in der Vergangenheit auch – munter weiter. Minimale Fortschritte zur Leistungsharmonisierung, die trotz genereller Aussichtslosigkeit von den verbliebenen Arbeitnehmervertreter:innen vorangetrieben wird, schlagen sich nur in wenigen Bereichen fruchtbar nieder, z. B. bei der Diabetes- oder Wundversorgung.

Am Ende muss man sich in Österreich wohl für längere Zeit mit einem unbefriedigenden Mehr-Klassen-Versorgungssystem „abfinden". Drei Klassen sind es mindestens – verkürzt dargestellt: Beamt:innen (BVAEB), Selbstständige und Landwirt:innen (SVS) und dann schließlich noch die Kasse der Arbeitnehmer:innen bzw. der Vielen (ÖGK).[28] Während die „guten Risiken" in der BVAEB (vergleichsweise niedrige Wahrscheinlichkeit von Arbeitslosigkeit, höhere Einkommen) gebündelt sind und die Selbstständigen-/Landwirt:innen-Kasse massiv vom Staat bezuschusst wird, gilt für unselbstständig Erwerbstätige, Arbeitslose, viele Pensionist:innen, Mindestsicherungsbezieher:innen faktisch eine Rationierung. Dass auch die Bezahlung der Ärzt:innen in den Systemen unterschiedlich ausfällt und die „Kassenverträge", mit denen die Vielen behandelt werden, besonders niedrig ausfallen, darf nach den Beschreibungen bisher nicht überraschen.

Es wäre wünschenswert, wenn die wahren Herausforderungen im Gesundheitssystem – von fehlenden Psychotherapie-Angeboten (für Kinder und Erwachsene) und fehlender Transparenz der Versorgung über fehlende adäquate Angebote für berufliche und medizinische Versorgung bis hin zu Maßnahmen im Umgang mit Long COVID – endlich bewusst angegangen würden.

Das Argument der Harmonisierung der Gesundheitsleistungen ist nun amtlich bestätigt eine Mogelpackung. Der interessengetriebene Umbau der Gesundheitsversorgung, der die Mitbestimmungsmöglichkeiten der Arbeitnehmer:innen massiv beschnitten hat, und der Erhalt der bestehenden Unterschiede bleiben als bittere Bilanz.

I

... ILLIBERALER UMBAU – DOCH NICHT BEI UNS!

Es war für mich ein ungeplanter Fernsehabend im Mai 2021. Auf Twitter gab es schon im Vorfeld Aufregung um den deutschen Satiriker Jan Böhmermann und die Ankündigung einer denkwürdigen „Magazin Royale"-Sendung zu Österreich vor der Sommerpause.[29] Unbeabsichtigt bin ich damals beim Zappen durch die TV-Kanäle dort hängengeblieben. Ich fand die Sendung nicht zwingend lustig – Humor ist ja genauso verschieden wie es auch die Menschen sind.

Worum sollte es im Beitrag über die – aus deutscher Perspektive – kleine Alpenrepublik in Schnitzelform gehen? In einer halben Stunde wurde in einer satirischen Aufbereitung der türkise Umbau in Österreich Richtung „Autokratie" nachgezeichnet.[30] Die Frage dabei war: Welche Zutaten braucht es, um ein Land weitgehend unter „Kontrolle" zu bekommen? Die Antworten waren eigentlich banal. Klar, eine parlamentarische Mehrheit und wichtige Regierungsämter sind elementare Grundvoraussetzungen für die aktive Politikgestaltung. Dann wäre es noch ideal, wenn die Medien positive Stimmung für „Reformen" und Projekte verbreiteten und schließlich wäre es auch gut, wenn die Justiz und Gerichte keine Hürden dabei aufstellten.

Puh, das in geballter Form zu sehen war doch harte Kost. Es sollte eigentlich eine Satiresendung zum Lachen sein, aber zuletzt blieb mir das Lachen im Hals stecken und ich fragte mich: Wie „autokratisch" – also weit weg von demokratisch oder austariert – ist Österreich wirklich geworden? Alles in allem war es ein deutlicher Stupser zum Nachdenken im deutschen TV-Hauptabendprogramm mit dem ursprünglichen Ziel, selbiges in Deutschland zu verhindern, zumal in Deutschland nach dem Ende der Ära Merkel große Weichenstellungen unausweichlich waren.

Wie kann es sein, dass andere diese Entwicklungen in Österreich oft deutlich klarer sehen als wir, die doch näher dran sind? Das Bild, das Österreich im Gefolge des Ibiza-Skandals, der Chatprotokolle usw. international abgibt, ist traurig.

Ich wollte eigentlich mal ein Buch darüber schreiben, was andere Länder von Österreich im Positiven lernen könnten. Es sollte um gesellschaftlichen Ausgleich, sozialen Wohnbau, die österreichische Sozialpartnerschaft, die duale Ausbildung, Abfertigung neu, das Kurzarbeitsmodell und andere wichtige Referenzpunkte im Bereich der Sozialpolitik gehen. Dieses Buch wird mittlerweile schwierig zu schreiben sein. Das Gesamtbild Österreichs ist eindeutig zu ramponiert.

Die Nationalratswahlen der letzten Jahre haben der ÖVP eine komfortable Ausgangslage zum Regieren geboten. Damit waren parlamentarische Mehrheiten leicht zu finden – einmal mit der FPÖ, nach der Übergangsregierung dann mit den Grünen. Wenn wir uns an den „Baukasten" von oben erinnern, sind somit zwei Voraussetzungen Richtung „autokratischer" Trends gegeben. Dass die Medienlandschaft durch die Eigentumsverhältnisse – von der Kirche (Die Presse) bis zu Raiffeisen bzw. WAZ-Gruppe (Der Kurier) – und die unausgewogene Inseratenpolitik (Stichwort „Boulevardpolitik") diesen Kurs unterstützend flankiert, mag aus Geschäftsmotiven nachvollziehbar sein. In Summe ist und bleibt es aus meiner Sicht brandgefährlich für die Demokratie in Österreich.[31]

Die Verachtung seitens des mächtigen Politikzirkels gegenüber etablierten, demokratisch essenziellen Institutionen ist mittlerweile sehr dreist und provokant: mannigfaltige Erinnerungslücken im Ibiza- bzw. ÖVP-Korruptions-Untersuchungsausschuss, das Nicht-Umsetzen von Verfassungsgerichtshofentscheidungen, die Arroganz und Abwertung von Andersdenkenden und die praktizierte Täter-Opfer-Umkehr, die – wenn es eng wird – sehr effektiv und breit akkordiert (Stichwort „Message Control") eingesetzt wurde und zum Teil noch immer wird.

FAZIT

Ein „Umbau" in Österreich findet eindeutig statt – mitunter autoritär in Ausprägung und Methode. Es sind die vielen kleinen und auch größeren Schritte, die zum Aushebeln der demokratischen Grundfesten führen. Das dürfen wir nicht akzeptieren, und die Menschen lehnen diese Politik auch ab.

AUF EINEN BLICK

Emotionen gegenüber der Politik

Angaben in % aller Befragten

2022

15   42   40   3

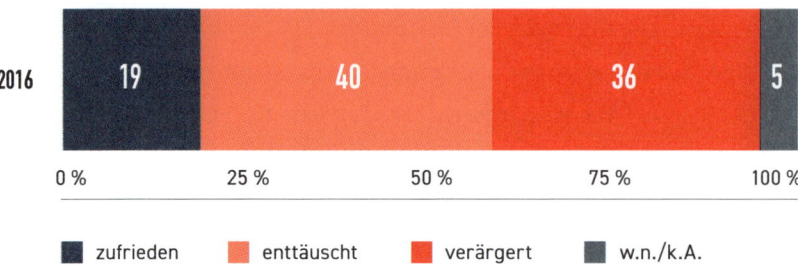

2016

19   40   36   5

0 %   25 %   50 %   75 %   100 %

■ zufrieden   ■ enttäuscht   ■ verärgert   ■ w.n./k.A.

Frage im Wortlaut: „Wie würden Sie Ihr Gefühl gegenüber der Politik in Österreich generell beschreiben? Zufrieden, enttäuscht oder verärgert?"

Quelle: SORA/ISA (2022), Wahltagsbefragung und Wählerstromanalyse zur Bundespräsidentenwahl vom 9. Oktober 2022 (n=1.226), S. 13; eigene Darstellung.

J

... JUNGE MENSCHEN KÖNNEN NICHTS

Die mediale Abwertung der jungen Menschen in Österreich, vor allem durch Vertreter:innen der heimischen Industrie oder Unternehmen, ist trotz jüngerer Debatten zum steigenden Arbeitskräftebedarf augenscheinlich. Sie betrifft ungerechtfertigt ziemlich viele junge Menschen: Defizite bei Schüler:innen werden an schlechten Ergebnissen bei internationalen Bildungserhebungen festgemacht, (ältere) Lehrlinge werden lieber nach Abbruch einer höheren Schule genommen – „weil man da ja schon auf etwas aufbauen kann" – und (angehende) Jungakademiker:innen werden mannigfach durch mäßig entlohnte oder gar unbezahlte Praktika eigenartig in der Arbeitswelt „willkommen" geheißen.

Auch die Unterstellung von mangelndem Respekt ist interessant und dürfte überhaupt wohl nur in eine Richtung gedacht sein.[32] Bei der Recherche zu diesem Kapitel bin ich beispielsweise auf die „Checkliste: Wie gut ist mein Lehrling" gestoßen und merke wie so oft in Debatten mit Vertreter:innen der Wirtschaftskammer und der Industriellenvereinigung die Dominanz der abwertenden Zuschreibungen, wonach mögliche Defizite nur bei den Lehrlingen selbst liegen können, weil diese eben nicht „ordentlich" arbeiten bzw. lernen wollten oder ihnen die Ausbildung nicht wichtig sei.[33]

Hier kommt wieder deutlich ein Menschenbild zum Vorschein, das wir bereits leidvoll aus unzähligen Debatten zur Gesundheitssituation der Beschäftigten in heimischen Betrieben kennen. Zu hören ist dann oft: „Kein Wunder, dass es den Beschäftigten schlecht geht – sie ernähren sich schlecht, leben insgesamt ungesund und gehen nach der Arbeit auch nicht mehr Nordic Walken. Also: Selber schuld!" oder „Es muss doch allen klar sein: Schlechter Lebenswandel bringt schlechte Ergebnisse. Die ohnedies großzügigen Unternehmen können da leider nichts machen!".

Was kann man auf diese Unterstellungen und Zurückweisung der eigenen Verantwortung vernünftig antworten? Ich denke, folgende Antwort geht sich argumentativ sowohl für die Ausbildungsthematik als auch für Gesundheitsfragen aus: Die individuelle Sicht im Sinne der Verhaltensprävention – gesund essen und gesund leben bzw. viel lernen – greift in der Regel deutlich zu kurz.

Es sollte vorrangig um die Verhältnisprävention gehen, die im Wesentlichen auf das Verhältnis oder die Frage abzielt, was gefordert wird (Anforderungen/Stressoren) und was an Unterstützung (Ressourcen) gegenübersteht. Wenn die Anforderungen dauernd zu hoch sind und kein Ausgleich erfolgt, dann wird es schädlich – für alle! Über längere Zeiträume beispielsweise zwölf Stunden pro Tag oder 60 Stunden pro Woche zu arbeiten – beides ist „dank" Türkis-Blau seit 1. September 2018 möglich –, macht oft krank. Zugespitzt: „Rennen bis zum Brennen" war und ist kein Erfolgsrezept![34]

Was für die überlangen Arbeitszeiten leicht nachvollziehbar ist, kann auf die Arbeitsrealitäten von jungen Menschen umgelegt werden. Sie sollen „funktionieren" im Sinne von „viel können", sehr flexibel sein und nicht zuletzt sehr günstig sein – idealerweise noch mit einem stattlichen Förderrucksack des AMS ausgestattet.

Das AMS möchte ich aber an dieser Stelle bewusst positiv anführen, zumal das AMS einen Ausgleich bietet, einerseits zum gängigen Bildungssystem mit seinem radikalen Selektionsmechanismus und andererseits zum gängigen Marktversagen, durch das den Jungen heute einfach zu wenige und v. a. zu wenig attraktive Ausbildungsmöglichkeiten geboten werden. Es gibt sicher viele tolle Ausbildungsbetriebe, sei es im privaten oder im öffentlichen Bereich. Aber die Ergebnisse des 4. AK-Lehrlingsmonitors sprechen eine eindeutige Sprache: Unbezahlte Überstunden, private Arbeiten für den/die Chef:in und fehlende Ausbildungsdokumentation sind keine Seltenheit.[35]

Auch das Bild abseits des Lehrstellenmarkts scheint düster zu sein. Die Ausbildungssituation für junge Menschen an den heimischen Schulen, Universitäten oder Fachhochschulen kann ich hier nur erahnen. Gerade die Pandemiezeit ist sehr herausfordernd (gewesen).

Fest steht jedenfalls: Der Berufseinstieg wird zunehmend schwerer, jedenfalls fragmentierter, und er ist nicht selten schlecht bezahlt![36]

FAZIT

Defizite bei den jungen Menschen krampfhaft zu suchen, ist unredlich. Junge Menschen brauchen Gelegenheiten, ihre Talente und Potenziale abrufen zu können.

AUF EINEN BLICK

Ergebnisse aus dem 4. Österreichischen Lehrlingsmonitor:
- 76 Prozent haben keine regelmäßige Ausbildungsdokumentation.
- 57 Prozent haben keinen Ausbildungsplan.
- 33 Prozent haben keine regelmäßige Besprechung des Ausbildungsfortschritts.
- 18 Prozent müssen eine ausbildungsfremde Tätigkeit verrichten.
- 29 Prozent müssen Überstunden machen, nur 73 Prozent davon bekommen diese abgegolten.
- 36 Prozent fühlen sich nicht ausreichend vorbereitet, um in einem anderen Betrieb als Fachkraft zu arbeiten.
- 25 Prozent würden sich nicht noch einmal für den gleichen Lehrberuf entscheiden, 33 Prozent auch nicht wieder für den gleichen Betrieb.

Quelle: Institut für Berufsbildungsforschung (2022), Lehrlingsmonitor 2022, Wien; Darstellung AK/ÖGB/ÖGJ, Stichprobe n=6.002.

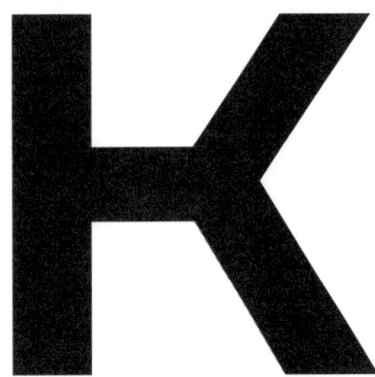

K

... KEINE PROBLEME –
DANK UNS ALLES
BESTENS!

„Keine Probleme. Wir sind eh besser als ..." Diese sinngemäße Eigenmarketingphrase für die Pandemiebewältigung der türkis-grünen Bundesregierung war durch die mantra-artige Wiederholung bei Pressekonferenzen unüberhörbar. Aus heutiger Sicht kann dieses massive Eigenlob im Wesentlichen als Fake News verbucht werden.

Im Standard hinterfragt der Journalist András Szigetvari beispielsweise nach knapp zwei Jahren des Pandemie-„Managements" dieses Eigenlob und kommt zum Schluss: „Heute, weitere Wellen und Lockdowns später, ist von diesem Triumphalismus wenig übrig."[37] Er beruft sich dabei u. a. auf eine Bewertung des renommierten liberalen Wirtschaftsmagazins „The Economist", das Österreich eben nicht in den Top 3 oder Top 10 sieht, sondern am unteren Ende, nämlich auf Rang 19 der 23 der analysierten Länder.

Das Muster der ungerechtfertigten Selbstüberhöhung der Regierung tritt also auch hier klar zutage. Die unhinterfragte Übernahme der vermeintlichen, kontrafaktischen Erfolgsgeschichten durch die meisten Medien in Österreich ist wohl ein Umstand, der das „Haltbarkeitsdatum" der Bundesregierung entscheidend verlängert hat. Für mich – als jemand mit einem guten Zugang zu vergleichenden Analysen und jemand, der viel Zeit mit Statistiken verbringt – war diese Selbstbeweihräucherung immer schon sehr fehl am Platz.

So betreue ich mit Kolleg:innen in der AK Wien seit über zehn Jahren ein Projekt mit dem Österreichischen Wirtschaftsforschungsinstitut (WIFO), nämlich den „Arbeitsmarktmonitor".[38] Das Forschungsinteresse lag dabei von Anfang an darin, Stärken und Schwächen Österreichs im Vergleich zu anderen EU-Ländern herauszuarbeiten bzw. Politikempfehlungen für Österreich abzuleiten, die ein Aufschließen zur jeweiligen Spitzengruppe in verschiedenen Dimensionen – von Arbeitsmarkt über Einkommen, Bildung, Gesundheit bis zur sozialen Absicherung – ermöglichen sollten. Aktuell fällt nur eines auf: Österreich verkörpert zunehmend das Mittelmaß, ist also weit weg von irgendeinem Podestplatz.

Ich fürchte, die Eigenpropaganda verstellt im Politikalltag den Blick auf diese Daten und auf bestehende Schieflagen. Es wäre gänzlich unfair, dieses Verdrängungsmuster nur auf die aktuelle oder die letzte Bundesregierung zu beschränken. Ich habe bereits in der Vergangenheit oft – v. a. in Zeiten sozialdemokratisch geführter Bundesregierungen – lautstark und kritisch hinterfragt, ob beispielsweise der statistische „Europameister"-Titel für eine niedrige Jugendarbeitslosigkeit je einem jungen Menschen geholfen hat, der eben genau seine Chance auf dem Arbeitsmarkt nicht bekam.

Selbiges gilt heute für die vermeidbaren Long-COVID-Fälle, das ausgelaugte Gesundheits- und Pflegepersonal oder die Toten, die absolut nichts davon haben, dass Österreich vermeintlich „besser" wäre als andere Länder. Das ist generell oft das Trügerische an statistischen Vergleichen. Der „Durchschnitt" kann kaum die Tragweite der Betroffenheiten von Krisen oder anderen Verteilungsschieflagen passend abbilden – die Realität ist einfach sehr „bunt", von traurig tragisch bis einfach lässig!

Trotz der statistischen Limits, die es auf jeden Fall gibt, bin ich ein Befürworter der empirisch orientierten Debatten zu Wirtschafts- und Gesellschaftspolitik. Ja, manche Kennzahlen – vom Bruttoinlandsprodukt bis zu Beschäftigungsdaten im Zuge der Arbeitskräfteerhebung – greifen zu kurz. Sie müssten feingliedriger und genauer werden. Hauptsache ist aber, dass die politisch Verantwortlichen ihren Blick endlich aufrichtig auf die Lebensrealitäten der Menschen und auf den gesellschaftlichen Zusammenhalt richten. In der jüngeren Vergangenheit war der Fokus überwiegend auf die eigenen Popularitätswerte gerichtet – aus heutiger Sicht fatal für Österreich.

FAZIT

Inszenierte Selbstüberhöhung von manchen Politiker:innen verstellt den Blick auf die Realität.

AUF EINEN BLICK

„The Economist"-Ergebnisse zum Pandemiemanagement:

Welche Länder am besten durch die Pandemie kamen
Veränderung während der Covid-19-Pandemie, in Prozent

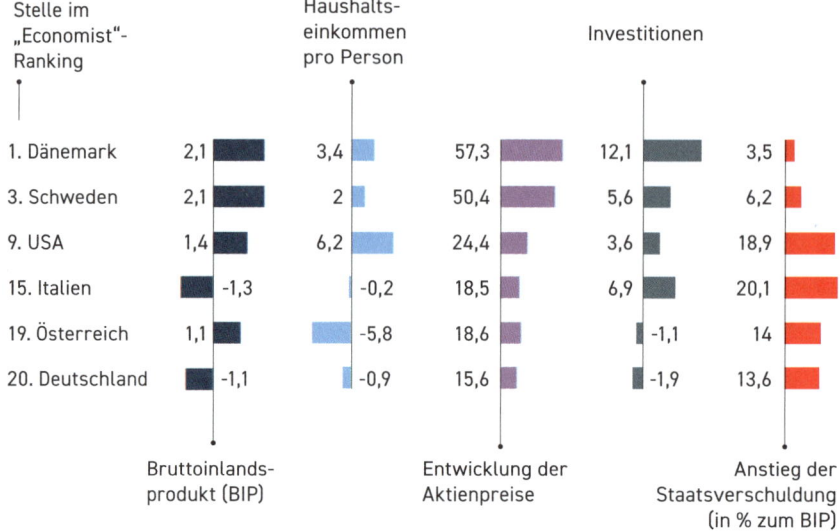

Stelle im „Economist"-Ranking	Bruttoinlandsprodukt (BIP)	Haushaltseinkommen pro Person	Entwicklung der Aktienpreise	Investitionen	Anstieg der Staatsverschuldung (in % zum BIP)
1. Dänemark	2,1	3,4	57,3	12,1	3,5
3. Schweden	2,1	2	50,4	5,6	6,2
9. USA	1,4	6,2	24,4	3,6	18,9
15. Italien	-1,3	-0,2	18,5	6,9	20,1
19. Österreich	1,1	-5,8	18,6	-1,1	14
20. Deutschland	-1,1	-0,9	15,6	-1,9	13,6

Quelle: Der Standard vom 11. Jänner 2022 auf Basis The Economist (2022); eigene Darstellung.

... LOHNNEBENKOSTEN-SENKUNG ALS WUNDERWAFFE

Es kommt nicht alle Tage vor, dass man die Kronen Zeitung aufschlägt und sieht, wie ein neoliberaler Frame – Lohnnebenkosten-Senkung als vermeintlicher Super-Joker für eh alles – fast schon volksbildnerisch zertrümmert wird.[39] Die AK-Sozialexpertin Sybille Pirklbauer bringt es dort auf den Punkt: „Nebensächlich ist daran überhaupt nichts, denn es geht um die Finanzierung der Kernleistungen des Sozialstaates. Demzufolge wäre der Begriff ‚Sozialstaatsbeiträge' treffender."

Der „Auftrag" hinter den Forderungen zu einer Lohnnebenkosten-Senkung ist klar: Die Unternehmen wollen sich – trotz signifikanter, dauerhafter Senkungen unterschiedlicher Arbeitgeberbeiträge in den letzten Jahren in Milliardenhöhe – noch mehr ihrer sozialen Verantwortung entledigen und im Zweifel Kosten an die Allgemeinheit auslagern.

Machen wir aber nochmals einen Schritt zurück, nämlich zu den vorgeschobenen Argumenten, die für eine Senkung der Sozialstaatsbeiträge ins Rennen geworfen werden. Eva Winterer, die Chefredakteurin des Magazins „Arbeit&Wirtschaft", hat die Argumente fast lustvoll kompakt gebündelt: „Je nach politischer Lage ist die Senkung einmal ein Garant für mehr Arbeitsplätze oder sichert sie ab – Stichwort ‚Wirtschaftsstandort' –, oder sie würde wie aktuell argumentiert wird, den Arbeitnehmer:innen mehr Geld ins Börserl spülen – in Zeiten historisch hoher Teuerungsraten eine attraktive Verlockung."[40] Klingt nach einem Universal-Joker der Wirtschaftslobby, der viele vermeintliche Heilsversprechen mit sich bringt.

Denkt man die Idee der Beitragssenkungen z. B. in der Arbeitslosen-, Pensions- oder Unfallversicherung konsequent zu Ende, so bedeutet jede Kürzung bzw. jede Senkung dieser Beiträge eine schlechtere soziale Absicherung für die Arbeitnehmer:innen in Österreich, solange es keine adäquate Gegenfinanzierung gibt. Niedrigere Pensionsversicherungsbeiträge bedeuten niedrigere Pensionen, niedrigere Krankenversicherungsbeiträge eine schlechtere medizinische Versorgung, niedrigere Arbeitslosenversicherungsbeiträge schlechtere Kurse beim AMS. Diese Negativliste ließe sich entsprechend verlängern. Das liest sich dann im Vergleich zum universellen Heilsversprechen der Lohnnebenkosten-Senkung deutlich weniger vorteilhaft.

Auch das Argument der Steigerung der Wettbewerbsfähigkeits durch schlechtere Sozialstandards ist in jeder Hinsicht sehr gewagt. Österreich ist bereits sehr wettbewerbsfähig, wie auch die relevanten Kennzahlen zur Entwicklung der Lohnnebenkosten nahelegen. Oder will sich Österreich auf Sicht im internationalen Wettbewerb mit rumänischen oder indonesischen Schutzstandards für die arbeitenden Menschen durchsetzen? Dieser beinahe respektlose Zugang der Wirtschaftslobbys und die Penetranz der Forderung nach Beitragssenkungen birgt also viel Zynismus und geht auf Kosten der Lebensqualität und der Gesundheit der Vielen.

Dank der kompakten Aufbereitungen zum Thema durch AK und Gewerkschaften gibt es gute Argumentarien gegen eine weitere Senkung der – eben nicht nebensächlichen – Sozialstaatsbeiträge.[41]

 **FAZIT** Der Standortwettbewerb darf nicht mit schlechteren Schutzstandards für die Vielen bestritten bzw. bezahlt werden.

AUF EINEN BLICK

Sozialstaatsbeiträge sind nicht nebensächlich!

(Beiträge der Unternehmen 2023 nach Funktion, in % vom Bruttoeinkommen)

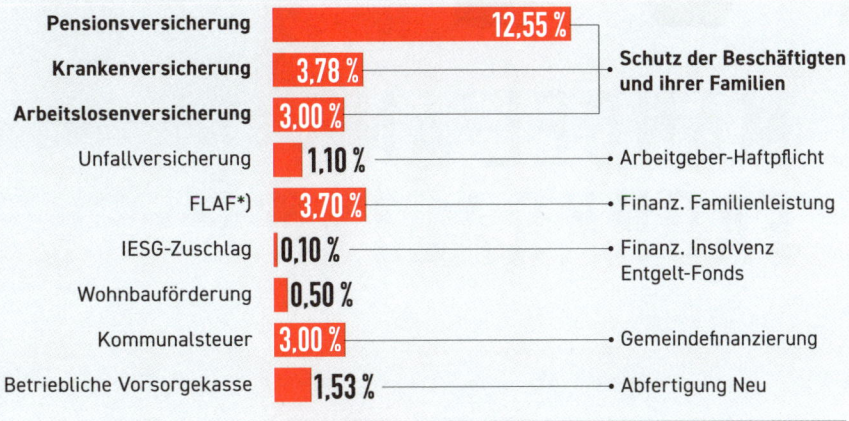

Pensionsversicherung	12,55 %
Krankenversicherung	3,78 %
Arbeitslosenversicherung	3,00 %

Schutz der Beschäftigten und ihrer Familien

Unfallversicherung	1,10 %	Arbeitgeber-Haftpflicht
FLAF*)	3,70 %	Finanz. Familienleistung
IESG-Zuschlag	0,10 %	Finanz. Insolvenz Entgelt-Fonds
Wohnbauförderung	0,50 %	
Kommunalsteuer	3,00 %	Gemeindefinanzierung
Betriebliche Vorsorgekasse	1,53 %	Abfertigung Neu

29,26 % beträgt der Aufschlag zum Bruttobezug, den Arbeitgeber als Sozialstaatsbeiträge zahlen.

*) Hinweis: 2022 war der FLAF-Beitrag 3,9 %. Für die Kalenderjahre 2023 und 2024 kommt die Beitragssenkung nur unter klaren Voraussetzungen zur Anwendung. Ab 2025 kommt der Beitragssatz von 3,7 % dann uneingeschränkt.

Quelle: AK/ÖGK (2022), Werte für 2023, zusammengestellt von Norman Wagner; eigene Darstellung.

M
... MANGEL AN FACHKRÄFTEN

Nachdem hier an einigen Stellen von „Klassikern" die Rede war: Am verallgemeinerten Mythos „Fachkräftemangel" führt zwar leider kein Weg vorbei, aber ich bin optimistischer als früher, dass wir in der Debatte vor einer positiven Wende stehen. So mancher fragt sich jetzt vielleicht: Was soll bitte an einem Mangel positiv sein? Wir werden es sofort sehen – nämlich hoffentlich vieles.

Zuvor möchte ich aber auf den „üblichen" Debattenstrang zurückkommen. Die Tourismuswirtschaft klagte mal wieder besonders laut nach dem zweiten Jahr der COVID-Pandemie, dass 35.000 Arbeitskräfte fehlten.[42] Als Randnotiz: Das AMS ging zum damaligen Zeitpunkt mit 15.600 Personen übrigens nur etwa von der Hälfte dieses Werts aus. Vielfach wurden beim Klagen der Tourismusunternehmen gleich auch – falsche – Vorurteile mittransportiert. Sie behaupteten, niemand wolle mehr im Tourismus arbeiten, alle seien unflexibel und arbeitsunwillig, die Menschen blieben lieber in Kurzarbeit im Osten als im Westen zu arbeiten, Österreicher:innen seien sich zu schade für den Tourismus und die Sozialleistungen zu großzügig, Zumutbarkeitsbestimmungen für Arbeitsuchende müssten verschärft werden u. v. m.[43] Am Ende war wieder mal die „Fachkräftedebatte" ausgerufen.

Diese exemplarisch angeführten Erzählungen und Vorurteile zeigen für mich sowie für viele Kolleg:innen in AK und Gewerkschaften eigentlich nur eines: Es gibt v. a. einen Mangel, und das ist der Mangel an Respekt gegenüber den Beschäftigten und Arbeitsuchenden. Oder breiter gedacht: Es gibt vielfach einen Mangel an guten Arbeitsbedingungen, Ausbildungsplätzen und fairer Bezahlung. AMS-Chef Johannes Kopf hat dies bereits vor einiger Zeit ebenfalls erkannt und wirft mittlerweile auch wortgewaltig mit „Wer heute Arbeitskräfte sucht, muss tanzen." die Forderung nach einer höheren Arbeitgeberattraktivität in den Ring. Dieser Satz ist zu Recht ein geflügeltes Wort geworden und stellt doch weniger die Realität als einen vernünftigen, rhetorischen Zugang in der Debatte dar. Ich denke, es würde oft reichen, wenn die Menschen neben Respekt, Beachtung und Wertschätzung schlicht das bekommen, was ihnen zusteht. Die AK-Rechtsberatung kann leider ein trauriges Lied über die Situation in der Branche singen: offene Löhne, unbezahlte Überstunden, Schwarzzahlung, kein Urlaubsgeld und kein Weihnachtsgeld, nicht eingehaltene Kündigungsfristen, unberechenbare Arbeitszeiten, keine oder falsche Anmeldung zur Sozialversicherung, falsche oder gar keine Lohnabrechnungen. Ich mache hier einen Punkt. Wir haben wohl alle ein realistischeres Bild einer Branche, die besonders aktiv die „Mangeldebatte" anheizt.[44]

Beim Schreiben merke ich auch, dass die Debatte zum Arbeitskräftebedarf insgesamt viele weitere Narben aus Arbeitnehmer:innen-Sicht aufreißt: Das reicht von begrifflichen Respektlosigkeiten bis hin zur Einführung des 12-Stunden-Tages und der 60-Stunden-Woche unter Türkis-Blau. So ist der häufig verwendete Begriff „Personalmangel" auch einer Dienstbotengesellschaft sehr nahe, die sich niemand mehr zurückwünschen kann, oder? Gedanklich lande ich dann auch schnell bei den über 40 Millionen an unvergüteten Mehr- und Überstunden für das Jahr 2021, die gearbeitet, aber nicht abgegolten wurden u. v. m.[45]

Die Branchenanalysen, z. B. jene des AMS, zeichnen ebenfalls ein bescheidenes Bild: Viele kehren der Tourismusbranche den Rücken, wenige finden die Branche attraktiv genug, um dort einzusteigen.[46]

Wie komme ich nach dieser beschriebenen Tristesse nun zum optimistischen Ende? Wenn die Nachfrage nach Arbeitskräften steigt, denkt sich der Ökonom in mir: Gut, der „Mangel" könnte sich auf Sicht wirklich in höhere Einkommen und in attraktivere Arbeitsbedingungen ummünzen lassen. Das sollte übrigens nicht nur für den Tourismus gelten, sondern für viele Branchen.

Auch das Einkommensargument ist meiner Meinung nach ein sehr starkes dafür, dass es derzeit eben keinen breiten, verallgemeinerbaren „Fachkräftemangel" geben kann. Sonst hätten wir ja in den letzten Jahren ein besonders starkes Anziehen der Einkommen sehen müssen. Nachdem wir das aber nicht feststellen konnten, ist vielmehr von sektoralen Engpässen – z. B. bei IT oder Pflegepersonal – auszugehen, und Allgemeinplätze sind damit unzulässig. Die „guten" Arbeitgeber haben in der Regel keine sonderlichen Schwierigkeiten, neue Mitarbeiter:innen zu finden und auch zu halten.

Nicht selten wird auch mit Demografiekennzahlen argumentiert, wieso es aus Unternehmenssicht schwierig sei, die freien Stellen rasch zu besetzen. Abgesehen davon, dass Demografiekennzahlen nur das theoretische Arbeitsmarktpotenzial einer bestimmten Alterskohorte beschreiben und nicht die realisierte Nachfrage, sind z. B. die unmittelbaren Rufe nach „Ausweitungen der Mangelberufsliste" oder nach einem leichteren Arbeitsmarktzugang für Drittstaatsangehörige ziemlich phantasielos. Es ist anscheinend leichter, selbst Forderungen gegenüber anderen aufzustellen, als die unternehmenseigenen „Hausaufgaben" zu machen und die Branchen in Richtung besserer Arbeitsbedingungen und höherer Arbeitgeberattraktivität weiterzuentwickeln.

Dass es mitunter einen erheblichen Unterschied zwischen theoretischem und realisiertem Arbeitsmarktpotenzial gibt, wird augenscheinlich, wenn man an Personen in Ausbildung oder jene auf Arbeitsuche denkt. Auch wenn beispielsweise Eltern ausschließlich bzw. zu wesentlichen Teilen zu Hause bei den Kleinkindern bleiben oder Personen bereits frühzeitig gesundheitsbedingt aus dem aktiven Erwerbsleben ausgeschieden sind, treten hier entsprechende Abweichungen auf.[47]

Ungenutzte Potenziale am heimischen Arbeitsmarkt gibt es zur Genüge – das zeigt uns Jahr für Jahr der WIFO-Arbeitsmarktmonitor.[48] Dass Österreich den Anschluss an die Spitzengruppe verliert, ist ebenfalls augenscheinlich. Österreich liegt oft nur mehr im Mittelfeld, vergeudet die Potenziale von jungen Menschen, Frauen, Älteren, Migrant:innen und Menschen mit gesundheitlichen Einschränkungen. Dass die Erwerbsintegration verschiedenster Personengruppen in Dänemark wohl am besten gelingt, sollte den Blick in den Norden anregen.

Schließlich wird es auch um ein visionäres Aufzeigen von Optionen gehen müssen. Damit es in jenen Branchen, die vom allgemeinen Strukturwandel (zunehmend höherer Technologie- und Wissenseinsatz) und von der Dekarbonisierung besonders stark betroffen sind, eine konkrete Veränderungsperspektive und nachhaltige Visionen von deren Neuaufstellung gibt, braucht es wohl mehr konkrete, anwendungsorientierte (Begleit-)Forschung im Just-Transition-Prozess. Das geht von der Neuausrichtung zu nachhaltigeren Wertschöpfungsketten bis hin zu intuitiven „Berufswanderkarten", die den Beschäftigten in diesen Branchen Orientierung bieten. Das setzt natürlich auch eine kohärente Abstimmung der institutionellen Akteure – von der Schule, Lehre, Regionalförderung bis zur Arbeitsmarktpolitik – voraus.[49]

Um optimistisch zuzuspitzen: Sollte die Nachfrage nach Arbeitskräften weiter steigen – wo liegt das Problem, wenn wir uns irgendwann wieder Richtung „Vollbeschäftigung" entwickeln? Aktuell ist Österreich meilenweit davon entfernt.

 **FAZIT** Der debattierte Mangel an Fachkräften verdeckt oft den Mangel an Wertschätzung und Respekt oder die schlechten Arbeitsbedingungen innerhalb der verschiedenen Branchen.

 **AUF EINEN BLICK** Der Druck in der Arbeitswelt steigt und die arbeitenden Menschen leisten enorm viel. Dafür brauchen sie einen Ausgleich im Sinne der 3 „A":

 **A**NERKENNUNG

 **A**UTONOMIE

 **A**RBEITSZEITVERKÜRZUNG

Der Spielraum dafür ist dank der hohen Produktivität der Beschäftigten in Österreich da.

Quelle: eigene Darstellung.

... NICHT-HANDELN ALS GUTES REZEPT

Ich kann mich noch sehr gut erinnern, dass ich als Kind gerne den anstehenden Zahnarzttermin verschieben oder absagen wollte. Je schwieriger es war, zeitnah wieder einen Termin beim gefragten Zahnarzt der Region zu bekommen, desto lieber war es mir. War das eine gute Entscheidung? Nein, denn wie sich herausstellte, habe ich die Probleme und Schmerzen nur verschleppt und der Schmerz wäre in einigen Fällen vermeidbar gewesen. Das war mein persönliches Lernen, dass Nicht-Handeln nicht ohne Folgen bleibt.

Nicht-Handeln war und ist nie gratis. Denken wir nur an die Umweltsünden und den übermäßigen Ressourcenverbrauch, der sich nun endgültig in einer Klimakrise und unglaublichen Wetterkapriolen niederschlägt, die mit Zerstörung von geliebten Dingen und viel menschlichem Leid einhergehen.

Für die politisch Verantwortlichen könnte man es simpel herunterbrechen: Die Versäumnisse von „gestern" und „heute" – und auch jene von „vorgestern" – werden ihren Preis haben. Wer also sieht, wie z. B. Kinder in Armut aufwachsen, ihre Lebensentwürfe sich zwangsläufig von anderen unterscheiden und viele Talente vergeudet werden, der/die sollte sich fragen: Warum haben wir das nicht verhindert? Warum werden so vielen Menschen unzählige Träume und Perspektiven genommen?

Mich beschäftigen diese Fragen schon sehr lange. Meine Kolleg:innen in der AK und ich sind bereits vor zehn Jahren der Frage nachgegangen, ob wir empirisch belegen können, dass z. B. Investitionen in Elementarbildung (Kinderbetreuungs-, Ganztagsschulplätze) nicht nur sinnvoll sind, sondern sich diese Investitionen in bessere Bildungschancen sogar „ökonomisch" rechnen – also die Rückflüsse über die Zeit diese Ausgaben übersteigen oder zumindest zu wesentlichen Teilen decken. Um es kurz zu machen: Ja, es macht in jeder Hinsicht Sinn!

Mittlerweile hat sich methodisch viel getan und verbessert. Diese Fragen können in breiten Kontexten besser als früher beantwortet werden. Selbst auf europäischer Ebene ist spätestens mit dem sogenannten „Social-Investment-Package" (2013) etwas Bewegung in die Debatte gekommen.[50] Über viele Jahre habe ich mich dennoch als Exot in den Debatten gefühlt. So wurde ich damals in Brüssel, Dublin, Bratislava mitunter kritisch beäugt, wenn ich unsere Ergebnisse präsentiert habe. Heute ist die Offenheit im Diskurs eine größere.

Was bei diesem Thema sicher nicht übersehen werden darf, ist die Tatsache, dass sich die Frage „Rechnen sich diese Investitionen?" leider auch eignet, Bereiche gegeneinander auszuspielen. Nach dem Motto: Dann machen wir eben nur mehr das, was sich rechnet!

Damit wird aber wie oben beschrieben vieles riskiert: Einerseits, dass notwendige Investitionen ausbleiben und bestimmte Interessen mehr Gehör finden als andere. Andererseits geht es so weit, dass sogar sozialstaatliche Grundprinzipien und die adäquate soziale Absicherung in den verschiedenen schwierigen Lebenslagen ausgehebelt werden. So werden künstlich durch „Konkurrenz-Logiken" Einschnitte bei bestimmten, vielleicht besonders vulnerablen Gruppen mit lohnenderen Mehrausgaben in anderen Bereichen „legitimiert".

Aber auf dieses ungustiöse „Entweder-oder-Spiel" soll und darf es keinesfalls hinauslaufen. Die Menschen haben zu Recht den Anspruch auf einen funktionierenden und einen besseren Sozialstaat, der allen Anforderungen im Sinne der folgenden „3 S" gerecht wird:

„S 1" … **Schutz** für Menschen in schwierigen Lebenssituationen bzw. in Phasen, in denen wir verwundbar sind: Als Kinder, wenn wir arbeitslos, krank oder alt sind.

„S 2" … **Stabilisieren**: In Krisenzeiten – wenn alles „kracht" – bedarf es verlässlicher Hilfen. Das gilt für Wirtschaftshilfen, aber ganz besonders für Sozialleistungen oder Kriseninstrumente wie die Kurzarbeit.

„S 3" … **Sozialinvestitionen** als Schlüssel, um Türen oder Gelegenheitsfenster zu öffnen (z. B. Budgets für soziale Infrastruktur von Bildung bis zu sozialen Diensten).

Diese drei Dimensionen sollten einander konsequent ergänzen und sie dürfen sich durch ein „Gerangel um Budgets" nicht wechselseitig ausschließen! Die Menschen wer den den Sozialstaat schließlich auch daran messen, ob die Sozialpolitik nicht nur unmittelbar hilft, sondern ebenso Perspektiven – nicht zuletzt im Kontext des sozial-ökologischen Umbaus von Wirtschaft und Gesellschaft – öffnet.

Mittlerweile, nach der neuerlichen Sternstunde des Sozialstaats in Krisenzeiten, sollte die Sozialpolitik zunehmend als Teil der Lösung gesehen werden. Nicht-Handeln ist hingegen nicht nur vielfach unsozial, sondern auf Sicht immens „teuer" – insbesondere dann, wenn z. B. Arbeitslosigkeit zu Langzeitarbeitslosigkeit wird, arme Kinder zu armen Erwachsenen werden oder Frauen weiterhin eine gleichstellungsfördernde Politik verwehrt bleibt.

 **FAZIT**

Wir können es uns nicht leisten, dass wir die Beseitigung der vielen Schieflagen in der Gesellschaft – von Vermögensverteilung bis Bildungschancen – nicht angehen. Der Preis für die Gesellschaft ist dauerhaft schlichtweg zu hoch!

 **AUF EINEN BLICK**

3 „S" – Diese zentralen Aufgaben hat der Sozialstaat

SCHUTZ
in schwierigen Lebenslagen

STABILISIERUNG
von Konjunktur und Einkommen

SOZIALINVESTITIONEN
soziale Infrastruktur, Qualifizierung u. v. m.

Quelle: eigene Darstellung.

... OBJEKTIVITÄT VON „STRUKTURREFORMEN"

Als langjähriger Beobachter der nationalen und europäischen Debatte stolpere ich immer über die auf den ersten Blick unverdächtige Forderung nach der Umsetzung von „Strukturreformen". Damit können notwendige Verbesserungen oder Anpassungen für nicht mehr zeitgemäße Systeme – eine Just Transition als sozial-ökologischer Umbau von Wirtschaft und Gesellschaft – gemeint sein. Oft steht der Begriff in der politischen Auseinandersetzung aber vorrangig für einen Rückbau der staatlichen Versorgung oder eine Absenkung von Schutz- und Sozialstandards. Wie kann das sein? Für mich ist das ein klassisches Beispiel dafür, dass mit Macht auch die Deutungshoheit über Begriffe und Debatten einhergeht.

So wird also aus dem technischen, vielleicht zuerst unverdächtigen Begriff ein Werkzeug für substanziellen Sozialabbau. Diese Erfahrung – es war schon an mehreren Stellen im Buch davon die Rede – hat jedenfalls Griechenland schicksalsschwer gemacht. Der Ökonom Philipp Heimberger bringt es ausgezeichnet auf den Punkt, wie es leider „laufen" kann: „Es geht weniger um die Modernisierung und Weiterentwicklung des Staates, sondern um die Umsetzung eines ‚Reformmix' – zusammengesetzt aus Maßnahmen zur Deregulierung der Arbeits- und Produktmärkte und zur ‚Verschlankung des Sozialstaates'."[51]

Ähnlich hart geht der Forscher Georg Adam mit den üblichen Strukturreform-Debatten ins Gericht. Auch er sieht die zum Teil sehr radikale Durchsetzung von Profit- und Unternehmensinteressen – Umsetzung im Sinne des marktgläubigen sogenannten Washington Consensus[52] – als dominante Strategie im Zuge von Strukturreformen. Solche Strukturreformen wurden z. B. auch Entwicklungsländern als Bedingung aufgezwungen, bevor sie Hilfsgelder von internationalen Geldgebern wie z. B. dem Internationalen Währungsfonds erhielten.

Das Beschneiden von Arbeitnehmer:innen-Rechten, der Abbau von Sozialstandards und der Verkauf von öffentlichem Familiensilber sind nicht selten die Konsequenz einer vermeintlich seriösen Debatte.

Nach dieser kritischen Einleitung ins Thema ist es wahrlich etwas schwerer geworden, darzulegen, dass Strukturreformen auch etwas Positives (!) sein können oder sogar müssen. Ich versuche es trotzdem.

Ich bin für Strukturreformen, wenn es z. B. um eine Reform der Abgabenstruktur in Österreich geht. Derzeit werden ja acht von zehn Budget-Euros von den Arbeitnehmer:innen und Konsument:innen bezahlt und da wäre es angebracht, wenn Vermögende endlich mehr zum Gemeinwohl beitragen. Ich hätte natürlich auch nichts dagegen, wenn ein Ausbau der sozialen Infrastruktur den Weg frei machen würde für den Abbau verkrusteter regionaler oder gesellschaftlicher Strukturen – im Gegenteil. Wenn Strukturreformen Investitionen in Menschen und die Unterstützung von „großen" Umbrüchen bedeuten, wie kann man dann den Begriff ablehnen?

Vielleicht braucht es also nur mehr aktive Stimmen, die den Begriff neu mit fortschrittlichen Inhalten aufladen. AK-Chefökonom Markus Marterbauer geht beispielsweise diesen Weg und fordert klar folgende Strukturreformen ein:

- „die Effizienz des föderalen Systems verbessern,
- Zukunftsinvestitionen in das Wohnen, den öffentlichen Verkehr und die Pflege tätigen,
- mithilfe von Vermögens- und Ökosteuern die Arbeitseinkommen entlasten,
- Vermittlung und Qualifizierung auf dem Arbeitsmarkt verbessern,
- Arbeitszeit verkürzen."[53]

Das wären deutlich andere Ansätze als die oben beschriebenen Sozialabbau-Drohungen.

 **FAZIT**

Der Begriff „Strukturreformen" ist ein Begriff, um den es sich zu kämpfen lohnt. In der Vergangenheit wurde er zu oft für Sozialabbau verwendet.

... PENSIONEN SIND NICHT SICHER

Ich möchte den Einstieg hier bewusst anders als erwartet machen. Weder die unredlichen Verunsicherungsstrategien der Finanzindustrie noch demografische Verschiebungen sollen am Beginn unnötig viel Raum bekommen.

Ich sage vorweg vielmehr nur: Ohne einen soliden Arbeitsmarkt kann man „sichere" Pensionen wohl kaum garantieren oder besprechen. Hohe Beschäftigung, niedrige Arbeitslosigkeit, möglichst durchgängige Erwerbsbiografien, gesunde Arbeit und vernünftige Einkommen sind die Heilsbringer für das Pensionssystem! Für mich ist auch klar: Wir brauchen keine „großen" Reformen, keine Kürzungen und auch kein oberflächliches Schlechtreden des Systems. Wir brauchen vielmehr eine Bundesregierung, die sich dem Ziel der Vollbeschäftigung verschreibt!

Dieser Gedanke hat sogar mehr Facetten, als sich auf den ersten Blick vermuten lässt. Erstens ist es nun einmal so, dass in einem umlagefinanzierten Pensionssystem – wie es in Österreich der Fall ist – die aktiv Beschäftigten für die laufende Finanzierung der Pensionist:innen sorgen. Zweitens bestimmen der Verlauf der eigenen Erwerbsbiografie und die Einkommensentwicklung sehr stark über die eigene Absicherung im Alter, weil es bei uns einen starken Konnex zwischen einbezahlten Pensionsbeiträgen und den anschließenden Leistungen gibt. Drittens macht es für die Durchsetzung von Lohnforderungen und Verbesserungen in der Arbeitswelt sowohl für das Individuum als auch für breite Gewerkschaftsanliegen einen Unterschied, ob Arbeitskräfte am Arbeitsmarkt

„gesucht" werden oder ob Hunderttausende Menschen verzweifelt in Konkurrenz um wenige offene Stellen treten. Kurzum: Bei Vollbeschäftigung geht sich für alle mehr aus!

Wie „unüblich" mein vielleicht sogar trivialer Zugang bzw. der meiner Kolleg:innen zum Thema ist und welche „tollen Lösungen" andere ins Feld führen, möchte ich exemplarisch am „Green Paper on Ageing" illustrieren, das Anfang 2021 seitens der EU-Kommission vorgestellt wurde. Die EU-Kommission hat – leider – in unbeirrbarer Art und Weise auch darin auf ihre alten „Allheilmittel" gesetzt, nämlich die Anhebung des gesetzlichen (!) Pensionsantrittsalters und den Ausbau kapitalgedeckter Pensionssysteme.[54]

Damit setzt sie aus meiner Sicht in dieser Schlüsselfrage einen analytischen und politischen Irrweg fort. Wie argumentiert sie hier stellvertretend die im Diskurs sehr mächtige Position der Untergangsprediger:innen des öffentlichen Pensionssystems? Die Diskurse zum Thema „demografischer Wandel" und „Generationengerechtigkeit" beginnen nicht zufällig oft mit „apokalyptisch" anmutenden Thesen eines drohenden Wohlstandsverlusts oder einer drohenden Unfinanzierbarkeit der sozialstaatlichen Absicherung – allen voran in den Bereichen der Alterssicherung, Gesundheit und Pflege. Dies wird in der Regel dem Zusammenspiel von einer steigenden Lebenserwartung, der deutlichen Zunahme der Zahl der Älteren, einem sinkenden Anteil der Bevölkerung im erwerbsfähigen Alter, gedämpften Produktivitätsfortschritten und einem aktuell zu „generösen" System sozialstaatlicher Versorgung zugeschrieben.

Auch im Grünbuch wird zum Teil eine bedrohliche Kulisse gemalt. Die analytischen Defizite und Widersprüche lassen sich aber anhand der Aussagen zum Pensionsalter besonders deutlich zeigen: Im Grünbuch wird die „Herausforderung der Alterung" mit der Verschlechterung der „old-age dependency ratio", dem Verhältnis zwischen der Altersgruppe 65+ und der Gruppe der 20- bis 64-Jährigen, beschrieben. Dazu wird präsentiert, dass es bis 2040 zu keiner Verschlechterung dieser „old-age dependency ratio" käme, wenn „old-age" dann nicht mehr mit 65, sondern mit 70 Jahren beginnen würde.

Damit suggeriert die EU-Kommission wenig verklausuliert, dass den demografischen Herausforderungen ganz einfach mit einer massiven Erhöhung des gesetzlichen Pensionsantrittsalters – also mit Arbeiten bis 70! – begegnet werden sollte. Diese beschränkte Sicht bedeutet einen schwerwiegenden analytischen Rückschritt seitens der EU-Kommission. Denn bereits 2012 hat sie in ihrem „Weißbuch Pensionen" klargestellt, dass rein demografische Relationen und deren Veränderung allein noch sehr wenig aussagen, weil es eben nicht bloß auf die Relation von Altersgruppen, sondern auf die ökonomische Abhängigkeitsquote – also auf das Verhältnis von Leistungsempfänger:innen zu (einzahlenden) Erwerbstätigen – ankommt!

Zwei Beispiele für den entscheidenden Unterschied von demografischen und ökonomischen „Kennzahlen" tragen zum besseren Verständnis des Gedankens bei:

- **Beispiel 1: Jung, aber nicht aktiv am Arbeitsmarkt**

  Mit 35 Jahren mag jemand vielleicht „jung" genug für den Arbeitsmarkt sein. Aber wenn diese Person keine Arbeit oder keine gute Ausbildung hat bzw. nicht ausreichend gesund ist, um arbeiten zu können, dann wird sie Hilfe brauchen und Einzahlungen in die öffentlichen Töpfe werden ausbleiben. Das Alter ist also kein entscheidendes Kriterium.

- **Beispiel 2: Älter, aber aktiv am Arbeitsmarkt**

  Umgekehrt zu Beispiel 1: Wenn jemand mit 70 gesund ist und aus Freude z. B. noch an einer Fachhochschule oder Universität unterrichtet oder im Museum arbeitet, dann zahlt er/sie zusätzlich ins System ein und macht die Finanzierung damit nachhaltiger. Das Alter ist also wieder nicht das entscheidende Kriterium.

Daher nochmals meine zugespitzte Kritik an den üblichen EU-Kommissionsempfehlungen in diesem Bereich: Anstatt einer massiven Erhöhung des gesetzlichen Pensionsantrittsalters wäre die ökonomisch und sozial wesentlich sinnvollere Alternative, eine bessere Erwerbsintegration der Menschen im Erwerbsalter bis 64 Jahre zu ermöglichen. Aber mit ihrer Einseitigkeit der Empfehlungen bleibt der EU-Kommission – trotz der vielen bestehenden, ungenutzten Arbeitsmarktpotenziale in allen Altersgruppen bis 64 Jahre – wohl weiterhin der Blick auf ökonomisch und gesellschaftlich betrachtet bessere Lösungen verstellt. Dass ich gegen eine weitere Anhebung des gesetzlichen Pensionsantrittsalters plädiere, ist also klar.

Ich bin aber der Meinung, dass das effektive Pensionsantrittsalter sich dem gültigen gesetzlichen annähern soll. Darüber herrscht eigentlich große Einigkeit, nur die Wege unterscheiden sich beträchtlich. Ich bin z. B. für altersgerechte und gute Arbeitsbedingungen, die ein gesundes Arbeiten bis zum Pensionsantritt ermöglichen. Weniger sozial eingestellte Menschen fordern hingegen noch höhere Abschläge oder andere „Sanktionen" für einen – vielleicht gesundheitlich sogar mehr als notwendigen – frühzeitigen Wechsel in die Pension.

Wenn am Ende des Tages statt einer breiten Arbeitsmarktoffensive bloß „länger arbeiten" und „privat vorsorgen" mit allen Risiken der Finanz- und Kapitalmarktentwicklungen übrig bleibt, dann bleibt auch offen, wie diese Vorschläge mit zentralen und wirklich ambitionierten Zielen, die im Rahmen der „Europäischen Säule der sozialen Rechte" postuliert werden, im Ansatz vereinbar sind.[55]

Dann hilft es auch nicht, dass die EU-Kommission im Grünbuch Alterung durchaus einige gute Ideen hat. Diese reichen zu Recht von sinnvollen Ansätzen zur Gesundheits- und Bildungsförderung über den Lebenszyklus hinweg, der Stärkung von Ansätzen zur Geschlechtergleichstellung bis hin zur Verbesserung von und leistbarem Zugang zu elementaren Dienstleistungen (von Bildung über Gesundheit bis zur Pflege).

Dass die Alterung der Gesellschaft eine enorme Herausforderung darstellt, ist evident. Nur die Anpassungserfordernisse und die abgeleiteten Maßnahmen unterscheiden sich massiv in Abhängigkeit von den analytischen Konzepten und – oft interessengeleiteten – Paradigmen. Hier bestimmt einmal mehr der Standort den Standpunkt. Damit der Generationenvertrag und die damit verbundene sozialstaatliche Absicherung auch in Zukunft funktionieren können, braucht es aus meiner Sicht jedenfalls einen soliden Arbeitsmarkt, eine ausgewogene Verteilung der Erwerbsarbeit und insgesamt eine faire Verteilung des erarbeiteten Wohlstands.

Da das Pensionsthema immer sehr emotional diskutiert wird, Zukunfstängste bei vielen Veranstaltungen und Debatten spürbar sind, möchte ich hier ein paar konkrete Leseempfehlungen und Hintergrundmaterialien zum österreichischen Pensionssystem einbringen, die ein Team rund um den AK-Pensionsexperten Erik Türk in Form von kompakten Factsheets aufbereitet hat. Damit kann u. a. punktgenau mit Mythen zur vermeintlichen Unfinanzierbarkeit der Pensionen aufgeräumt werden, die in Kampagnen oder Werbungen bzw. Verunsicherungsstrategien der Finanzindustrie – von Banken bis Versicherungen – leider unübersehbar präsent sind.[56]

Vielleicht sind die Factsheets ein exemplarischer Beitrag zur Versachlichung – und gleichzeitig für mich auch als „Beruhigungspille" wirksam –, der zeigt, dass trotz großer demografischer Verschiebungen der Pensionsaufwand in Österreich im Verhältnis zur Wirtschaftsleistung (BIP) stabil bleiben wird. Selbst wenn die Ausgaben demografiebedingt – Stichwort „Baby-Boomer-Generation in Pension" – Mitte der 2030er-Jahre ihren Höhepunkt erreichen werden, werden diese Ausgaben auf Basis der heutigen (!) Rechtslage, also ohne Einschnitte ins System, wieder fast auf das heutige Niveau zurückgehen (2070: 14,3 Prozent des BIP).

Die Daten sind übrigens für alle EU-Länder verfügbar und werden von der EU-Kommission regelmäßig in den sogenannten Ageing-Reports veröffentlicht. Folglich kann niemand den möglichen Vorwurf von „Auftragsstudien", „Beschönigen" oder „falscher Sicherheit" in den Raum stellen. Nein, es ist schlichtweg „amtliche" Statistik mit Ausgabenszenarien bis 2070. Ich fasse die hunderten Seiten für alle kurz zusammen: No Drama, Lama!

FAZIT

Die demografischen Verschiebungen werden als „Bedrohung" eingesetzt, um eine Unfinanzierbarkeit der öffentlichen Pensionen zu konstruieren. Die gute Nachricht: Es geht sich aus! Je mehr wir Vollbeschäftigung anstreben und je mehr materiell Bessergestellte zur Finanzierung beitragen, umso leichter bleibt alles auf einem guten Niveau leistbar.

AUF EINEN BLICK

Öffentliche Pensionsausgaben in % des BIP

Die Koppelung des Pensionsalters an die Lebenserwartung würde einen dramatischen Einbruch bei den Pensionsausgaben und damit eine deutlich schlechtere Absicherung der heute Jungen bedeuten.

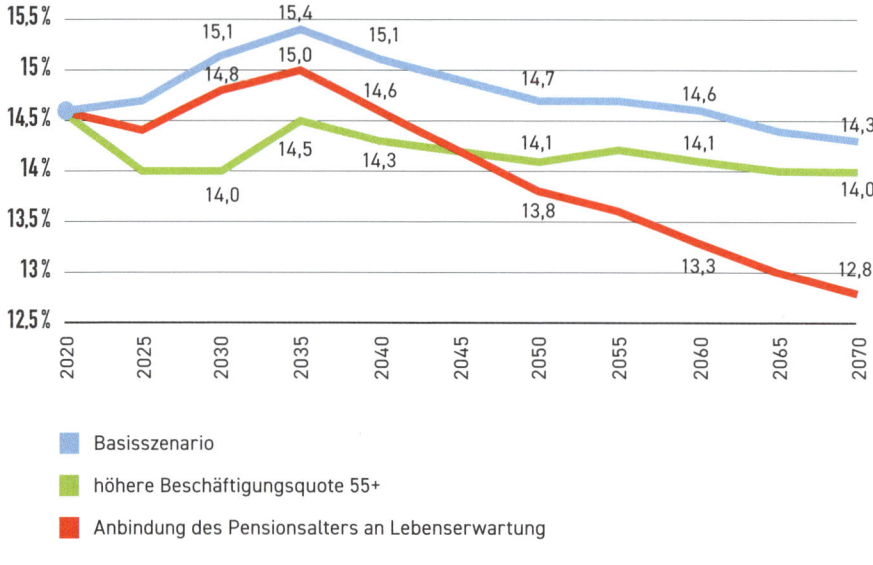

🟦 Basisszenario

🟩 höhere Beschäftigungsquote 55+

🟥 Anbindung des Pensionsalters an Lebenserwartung

Quelle: AK Wien (2022), Gerechtigkeit für Generationen, Grafik von Erik Türk; eigene Darstellung.

... QUO VADIS SOZIALPOLITIK?

In der COVID-19-Krise sind die eingefleischten Neoliberalen, die sonst stets den Sozialstaat für bankrott und reformunfähig erklären, auffällig still. Angemessen wäre es, die Sozialstaatsgegner:innen würden ihre Fehleinschätzung öffentlich zugeben. Die Vorteile des Sozialstaates sind zu offensichtlich: Er ist effizient, weil er erstens jene unterstützt, die Hilfe brauchen – Kranke, Arbeitslose, Kinder, Alte und Pflegebedürftige. Zweitens wird er von jenen finanziert, die gerade gesund und erwerbstätig sind. Drittens kommt er allen in unterschiedlichen Phasen ihres Lebens zugute. Viertens sind seine Verwaltungskosten markant niedriger als jene privater Systeme. Nicht zuletzt funktioniert der Sozialstaat auch dann, wenn er von sehr vielen gleichzeitig dringend gebraucht wird.[57]

Kann die COVID-19-Pandemie mit ihrer neuerlichen Kenntlichmachung der elementaren Verdienste des Sozialstaates zum Ausgangspunkt einer Renaissance des sozialen Miteinanders werden?

Die Antwort auf diese Frage wird das Ergebnis heftiger gesellschaftlicher Auseinandersetzungen sein. Der Bedarf an mehr und umfassender Solidarität besteht zweifelsohne: In den letzten Jahren hat die neoliberale Spaltungsrhetorik gesellschaftliche Ausgrenzungen befeuert. Die Verengung des Solidaritätsraums haben geflüchtete Menschen, von Armut Betroffene und Arbeitslose besonders zu spüren bekommen. Bereits vor der Krise verschärfte sich das Ungleichgewicht zwischen Arm und Reich. Viele Menschen leben am Limit.

Jetzt gibt es – wie man beispielsweise in Europa sieht – unterschiedliche Varianten und Vorstellungen, wie mit den Themen und Herausforderungen im Sozialstaat umzugehen ist. Wie ein Sozialstaat konkret funktioniert und welche Aufgaben er wahrnimmt, ist letztendlich – wie bereits an mehreren Stellen des Buches beschrieben – eine Frage des gesellschaftlichen Konsenses und der politischen Machtverhältnisse, die sich von Land zu Land unterscheiden und mit der Zeit auch ändern. Ein gut ausgebauter Sozialstaat kann viele Aufgaben erfolgreich lösen, wie vor allem die skandinavischen Länder vorzeigen: Sei es die Absicherung von Menschen in schwierigen Lebenslagen (etwa bei Krankheit, Arbeitslosigkeit oder Pflegebedürftigkeit), der Erhalt von sozialem Frieden, die Inklusion benachteiligter Gruppen in Wirtschaft und Gesellschaft, die wirtschaftliche und soziale Stabilisierung in Krisenzeiten oder die Unterstützung für ein emanzipatorisches Wirtschafts- und Sozialprojekt.

Anderen Mitgliedsländern gelingt es heute nicht einmal mehr, die auch seitens der Europäischen Kommission erklärten Minimalanforderungen zu erfüllen, also die „3 S" Sozialschutz, Stabilisierung und Sozialinvestitionen (für Details vgl. Buchstabe N). Griechenland kann nach eigenen wirtschaftspolitischen Fehlern und der gescheiterten Rosskur durch die internationalen Institutionen als mahnendes Beispiel dienen.

Ist angesichts dieser Unterschiede sozialer Fortschritt für alle Menschen in der EU-27 überhaupt noch denkbar? Ich möchte vorerst zuversichtlich bleiben, selbst wenn die Voraussetzungen dafür sehr unterschiedlich sind.

Traditionell werden vier Modelltypen europäischer Wohlfahrtsstaatsregime hinsichtlich ihrer Merkmale und Performanz unterschieden: das nordische Modell, das liberale Modell, das kontinentaleuropäische Modell und das rudimentäre Modell.[58]

Das nordische Modell, für das Schweden und Dänemark stehen, ist an den Maximen Chancengleichheit und Gleichstellung der Menschen („equality") ausgerichtet: hoher Sozialschutz in der Pensions- oder Arbeitslosenversicherung, gut ausgebaute soziale Infrastruktur bei Kinderbetreuung, Ganztagsschulen und Pflege und ein universeller Charakter beim Leistungszugang, der allen Menschen Absicherung und Förderung garantiert.

Für das liberale Modell stehen Großbritannien und Irland, wo über Jahrzehnte der allgemeine Sozialstaat infrage gestellt wurde. Vielfach sind sozialstaatliche Aktivitäten auf die Armutsbekämpfung reduziert. Statt sozialstaatlicher Ausgleichsmechanismen und bewusster Umverteilung stehen Vertrauen auf die Marktkräfte und private Absicherung im Mittelpunkt. Das Ergebnis: „Poor services for poor people".

Ähnlich trist ist es um die materielle Absicherung der Menschen im Rahmen des rudimentären Modells bestellt, das in vielen osteuropäischen Ländern, nach den drastischen EU-Kahlschlägen aber auch im europäischen Süden, dominiert. Sozialstaatliche Traditionen und Institutionen fehlen oder wurden gekappt, soziale Schutzleistungen der wirtschaftlichen Wettbewerbsfähigkeit geopfert und der Umgang mit sozialer Bedürftigkeit wurde in die familiären Netze zurückgespielt.

Zwischen den gut ausgebauten Systemen in Skandinavien und den Minimalstandards in der südlichen und östlichen Peripherie Europas liegt das kontinentaleuropäische Modell, das etwa in Frankreich, Deutschland und Österreich angewendet wird. Es setzt vor allem auf das Sozialversicherungsprinzip, das über den Lebenszyklus besonders Menschen mit einer guten Arbeitsmarktintegration, guten Einkommen und durchgängigen Erwerbskarrieren gut absichert. Hingegen führen unterbrochene Erwerbskarrieren und prekäre Beschäftigung oft zu ungenügender sozialer Absicherung. Dagegen hilft neben aktiver Beschäftigungs- und Mindestlohnpolitik vor allem der Ausbau sozialer Dienstleistungen von Kinderbetreuung über Gesundheit bis Pflege, also die Annäherung ans skandinavische Modell. Österreich ist hier weiter vorangekommen als die anderen Länder der Gruppe und hat besonders in Bezug auf die soziale Absicherung im Alter die Nase z. B. gegenüber Deutschland weit vorn.

Von den vier genannten Modellen können heute nur das nordische und das kontinentaleuropäische Modell den Anforderungen von Sozialschutz, Stabilisierung und Sozialinvestitionen gerecht werden. Hier sichert der Sozialstaat nicht nur gegen Armut ab, sondern bildet eine der Grundlagen für das Entstehen einer breiten Mittelschicht. Das liberale und das rudimentäre sozialstaatliche Modell sind hingegen weit zurückgefallen. Von Verlässlichkeit der Systeme und von einer „Planbarkeit des Lebens" kann keine Rede mehr sein. Leistungsumfang und Leistungshöhen wurden teils so stark verringert, dass die Sicherung eines minimalen Lebensstandards nicht mehr gewährleistet ist. Dadurch hat die Mittelschicht oft ungeschützt die Abstiegsgefährdung vor Augen und kämpft mit Zukunftsängsten.

Für die Bewertung des österreichischen Sozialstaates ergibt sich je nach Standpunkt ein unterschiedliches Bild. In Österreich selbst wird von liberaler und konservativer Seite ein Bild der Unfinanzierbarkeit und Unzulänglichkeiten gezeichnet. Im Gegensatz dazu zeigen aber wissenschaftliche Untersuchungen regelmäßig, dass sich der österreichische Sozialstaat über viele Jahre zum internationalen Vorbild gemausert hat. Dieser Befund ist für mich heute z. T. immer noch in Ordnung, ohne gleichzeitig die Lücken und Unzulänglichkeiten im System übersehen zu wollen.

Der Anspruch jeder Bundesregierung müsste grundsätzlich sein: Wir wollen besser werden! Die neokonservativen Rückschritte der letzten Jahre sind aber ein deutlicher Dämpfer für fortschrittliche Ansprüche. Für die notwendige Weiterentwicklung des österreichischen Sozialstaats habe ich gemeinsam mit Nikolai Soukup von der AK Wien sieben Wegweiser erarbeitet, die ich aber erst in Teil 2 dieses Buches „aufstellen" möchte.

Abschließend ist mir hier noch ein allgemeinerer Gedanke wichtig: Spätestens mit dem Buch „Gleichheit ist Glück: Warum gerechte Gesellschaften für alle besser sind" von Wilkinson und Pickett, das 2009 erschienen ist, gibt es auch empirisch mehr Gründe und Argumente, warum gesellschaftlich und ökonomisch gesehen alles unternommen werden sollte, um die Ungleichheit in allen Ländern zu reduzieren. Auch die OECD hat ab 2014 das Argument gefördert, dass Ungleichheit die wirtschaftlichen Wachstumsperspektiven enorm hemmt. Seither gibt es von dort prominente Folgeliteratur und weitere, positive Impulse für die engagiert zu führende Verteilungsdebatte.

FAZIT
Es gibt nicht das eine „Europäische Sozialmodell". Viele wirtschaftliche Kennzahlen und wichtige Dimensionen des sozialen Zusammenhalts sprechen für eine bessere soziale Absicherung nach nordischem/skandinavischem Vorbild.

AUF EINEN BLICK

- **„Liberales Modell"** (Beispiele: Großbritannien, Irland)
  Prägendes Motto: „Poor services for the poor."
  → Primäres Ziel ist die Armutsvermeidung und oft auch nicht mehr als dieses Minimalziel.

- **„Kontinentaleuropäisches Modell"** (Beispiele: Deutschland, Österreich)
  Prägendes Motto: Der „Arbeitsmarktstatus" bestimmt die Höhe der Leistungen, d. h. nur hohes und stabiles Einkommen führt zu ausreichend „hohen" Sozialleistungen.
  → Es gibt nicht für alle eine gute soziale Absicherung.

- **„Nordisches Modell"** (Beispiele: Dänemark, Schweden)
  Prägendes Motto: „Möglichst hohe Standards und Chancengleichheit für alle."
  → Die nordischen Länder haben in vielen Ländervergleichen die Nase vorne.

- **„Rudimentäres Modell"** (Beispiele: Süd-/Osteuropa)
  Prägendes Motto: „Die Familie wird's schon richten!"
  → Der wenig bzw. schlecht ausgebaute Sozialstaat kann in schwierigen Lebenslagen nur sehr eingeschränkt helfen.

R
... RUINÖSE SCHULDEN UND DAS TINA-PRINZIP

Das Thema Budgetdefizit wurde bereits an anderer Stelle ausführlicher behandelt (für Details vgl. Buchstabe B). Dabei ging es auch um den bewussten (!) Einsatz von Ausgaben-überschreitungen bzw. von Neuverschuldung zur Belebung der Wirtschaft in Krisenzeiten, weil striktes und kurzsichtiges Sparen des Staates wie eine zusätzliche wirtschaftliche Vollbremsung wirkt. Demnach wird bewusst eine temporäre Staatsverschuldung akzeptiert und man setzt auf Wirtschaftswachstum (= steigendes BIP) und bringt dadurch die wichtigsten ökonomischen Kennzahlen, die oft als Anteil an der Wirtschaftsleistung ausgedrückt sind (d. h. in Prozent des BIP), wieder „ins Lot".

Dieser Zugang entspringt z. B. der „keynesianischen" Tradition, die Vollbeschäftigung vor – oft konstruierte – Budgetzwänge stellt und auf ein Herausinvestieren und auf ein Herauswachsen aus Konjunkturdellen und Krisen setzt.[59] Klingt logisch, ist es auch! Aber angesichts der Dominanz von konkurrierenden, insbesondere neoliberalen „Lösungen" seit den 1980er-Jahren, fühlt man sich oft ziemlich alleingelassen als Keynesianer:in. Ich möchte es hier nicht zu kompliziert werden lassen, denn es gibt schließlich verschiedenste Wirtschaftstheorien, die sich auf John Maynard Keynes beziehen, wie z. B. die neokeynesianische oder die postkeynesianische Denkschule. Wichtig ist mir allgemein nur: Es gibt nicht die eine Lösung für sämtliche Fragen. Weder von Keynes, noch von anderen.

Budgetdebatten werden oft sehr emotional geführt. Doch den beiden umkämpften Schlüsselkennzahlen im Diskurs ist eines gemeinsam: Sie haben einen Zähler und einen Nenner, sie sind also eine schlichte Division. Damit entscheidet sowohl im Falle des Budgetdefizits (= Neuverschuldung/BIP) als auch im Falle der Staatsverschuldung (= Schuldenstand/BIP) stets auch die volkswirtschaftliche Entwicklung (= Veränderung des BIP) über das Schicksal und die Höhe der jeweiligen Quote.

Schauen wir uns nochmals die Budget-„Regeln" in der EU an und spitzen wir die Frage zu: Hat Österreich ein echtes Problem bei Budgetdefizit und Staatsverschuldung? Um es kurz zu beantworten: Nein! Beim Budgetdefizit haben wir bereits gesehen, dass wir die Zielwerte (maximal drei Prozent des BIP) gut einhalten können, und bei der Staatsverschuldung sinken wir nach krisenbedingten Höchstständen (2020: 83,2 Prozent des BIP) auf Sicht auf unter 70 Prozent und damit wieder Richtung Zielvorgabe (= maximal 60 Prozent des BIP).

Beruhigend ist für mich in diesem Zusammenhang auch, dass das öffentliche Vermögen die Staatsschuld bei Weitem übersteigt. AK-Ökonom Georg Feigl bringt es selbst für das schwere Pandemiejahr 2020 gut auf den Punkt: „In Summe ergibt das ein positives Nettovermögen von 80 Milliarden Euro (21 Prozent des BIP) – und damit einen Wert, der Fantasien von der untragbaren Belastung künftiger Generationen wenig empirische Grundlage liefert."[60]

Im Unterschied zu meinem Eingeständnis, nicht alles abschließend durchdacht zu haben, nicht alle Optionen zu kennen, stellen sich einige (neo)liberale Ökonom:innen hin und bezeichnen beispielsweise Sozialstaatskürzungen und einen Abbau der sozialen Haltegriffe im Leben als „alternativlos". Herzlich willkommen in der Welt des sogenannten TINA-Prinzips.

„TINA" steht als Kürzel für „There Is No Alternative". Die „eiserne Lady" Margaret Thatcher (britische Premierministerin von 1979 bis 1990) hat mit diesem Slogan viele ihrer wirtschaftsliberalen und gesellschaftspolitischen Weichenstellungen „gedeckt" und so die sozialen Rechte der Bürger:innen beschnitten, Unternehmen stark begünstigt und die Schwächung der Gewerkschaften und des Sozialstaats aktiv vorangetrieben. Wenn in Debatten zu Wirtschafts- oder Sozialpolitik „Alternativlosigkeit" konstatiert wird, dann ist allein aus einer historischen Perspektive Vorsicht geboten – Großbritannien und Griechenland fallen einem schnell als abschreckende Realexperimente des systematischen Sozialabbaus ein.

Ich denke, es macht hier noch einmal Sinn, zuzuspitzen: Unsere geistigen und ideologischen Grenzen sollten wir nicht mit den Grenzen der realen Möglichkeiten gleichsetzen!

Im Gegensatz zur neoliberalen „Schallplatte", wonach es ohne Kürzung von Sozialleistungen zum Untergang des Landes komme, bin ich entsprechend offener gegenüber dem TATA-Prinzip. Es steht für „There are Thousands of Alternatives" und ist somit das exakte Gegenteil des TINA-Prinzips. Dieser wichtige Gedanke für Gestaltungsoptimismus wird der amerikanisch-französischen, globalisierungskritischen Politikwissenschaftlerin und Schriftstellerin Susan George zugeschrieben.

Um bei dem Wortspiel mit der Zahl 1.000 zu bleiben: Es gibt sicher Tausende gescheitere Ideen für sinnvolle Investitionen – z. B. in die Sozialen Dienste oder zur besseren und bürger:innenfreundlicheren Dienstleistungserbringung im öffentlichen Sektor –, als den Sozialstaat, das Vermögen der Vielen, sukzessive zu zertrümmern.

FAZIT Wir brauchen uns weder beim Budgetdefizit noch bei der Staatsverschuldung große Sorgen zu machen. Vorsicht ist geboten, wenn die neoliberale/neokonservative Erzählung auftaucht, die Einschnitte in den Sozialstaat als „alternativlos" darstellt.

... STATISTIK –
ZWISCHEN ANALYSE
UND ILLUSION

Das Arbeiten mit Zahlen, Statistiken, Studien und mit Forscher:innen hat mir in den letzten 20 Jahren besonders viel Freude bereitet. Ich habe immens dazugelernt, auch viel lernen müssen, und durfte zum Glück sogar beruflich zweimal direkt in die Forschungswelt eintauchen – einmal am WIFO (Österreichisches Institut für Wirtschaftsforschung) gegen Ende der 2000er-Jahre und später bei Eurofound. Das WIFO kennt man – neben dem IHS (Institut für Höhere Studien) – insbesondere aufgrund der vierteljährlichen Konjunkturprognosen oder wegen breit diskutierter Verteilungsstudien und Arbeitsmarktanalysen. Eurofound, eine EU-Agentur seit 1975, ist weniger geläufig, aber nicht weniger spannend. Sie leistet wichtige Grundlagenarbeit (z. B. für die EU-Kommission) für die Entwicklung besserer sozial-, beschäftigungs- und arbeitsmarktpolitischer Maßnahmen durch die Bereitstellung von gesammeltem Wissen und Ländervergleichen.

Dieser kurze biografische Einstieg ist mir deshalb wichtig, weil in der nachfolgend artikulierten Kritik am „Umgang" mit Statistik möglicherweise der falsche Eindruck entstehen könnte, ich hätte keinen Respekt vor den Forscher:innen und der Wissenschaft. Das Gegenteil ist der Fall: Die Forschung ringt mir höchsten Respekt und z. T. Bewunderung ab. Denn angesichts irrer Datenmengen, die uns heute zur Verfügung stehen, ist die Formulierung von adäquaten Forschungsfragen, die Aufbereitung und die Interpretation von Ergebnissen alles andere als leichter geworden. Auch die Projektakquise ist für Forscher:innen heute aus meiner Sicht aufwändiger und herausfordernder als in der Vergangenheit und die Arbeitsbedingungen haben nicht immer mit den steigenden Anforderungen mitgehalten.

Gleichzeitig finde ich es bedrückend, wenn die Forschung z. T. für die Durchsetzung von Kapitalinteressen „instrumentalisiert" wird (Auftragsstudien) oder wenn gesellschaftskritische Ergebnisse trotz methodischer Richtigkeit einfach nicht ans Licht der Öffentlichkeit gelangen, weil weder die Resultate der Forschung noch der Zeitpunkt der Veröffentlichung den „Mächtigen" opportun erscheinen.

Ich finde es auch bizarr, wenn einseitige Interpretationen von Statistik zu viel Raum bekommen und beispielsweise folgenschwere (Fehl-)Entscheidungen für unzählige Menschen – z. B. ungerechtfertigte Pensionskürzungen – unter Bezugnahme auf diese „Grundlagen" getroffen werden. Im Abschnitt zu den Pensionen (für Details vgl. Buchstabe P) haben wir uns die folgenschwere Fehlinterpretation von Daten angesehen. Wie dort ausgeführt, sind die demografischen Verschiebungen von Alterskohorten keinesfalls mit dem Realgeschehen am Arbeitsmarkt gleichzusetzen.

Es gibt dazu mittlerweile auch genug Literatur, wie z. B. das Buch von Walter Krämer mit dem Titel „So lügt man mit Statistik", das unredliche Ansätze und Methoden im Umgang mit Statistik gut lesbar aufbereitet.

Hier möchte ich aber explizit noch ein Praxis-Beispiel bringen, wie man auf Basis derselben Datengrundlage zwei gänzlich unterschiedliche Ableitungen allein aus der unterschiedlichen Aufbereitung ziehen kann. Es geht um die Frage „Bleiben die Sozialausgaben finanzierbar?" oder die bereits tendenziöse Frage „Laufen die Sozialausgaben aus dem Ruder?". Bei den Pensionsausgaben und den Langfristprojektionen habe ich bereits mit der Darstellung des Pensionsaufwands in Prozent des BIP Entwarnung geben können, während Gegner:innen der öffentlichen Pensionen gerne mit absoluten Zahlen und deren Anstieg argumentieren und eine Unfinanzierbarkeit konstruieren. Analoge Methoden werden gerne auch bei Analysen der Entwicklung der Sozialausgaben angewendet. Daher möchte ich hier kurz vier unterschiedliche Varianten oder vier „Spielarten" abbilden, die verschiedene Interpretationen von Entschleunigung (vgl. unten Variante 1) bis hin zu politischen Eskalationen „ermöglichen" (vgl. unten Varianten 2 bis 4).

Stellen wir zu Beginn die Daten außer Streit und schauen wir uns an, was man vielleicht daraus „machen" kann bzw. soll.

Sozialquote und Sozialausgaben 1990 bis 2021

Jahr	Sozialquote[1] in %	Sozialausgaben[2]		Bruttoinlandsprodukt[3]	
		Mio. Euro	jährliche Veränderung, %	Mio. Euro	jährliche Veränderung, %
1990	26,1	35.505	.	136.135	.
1991	26,3	38.433	8,2	145.949	7,2
1992	27,0	41.586	8,2	154.189	5,6
1993	28,2	44.903	8,0	159.275	3,3
1994	29,0	48.570	8,2	167.219	5,0
1995	28,9	50.979	5,0	176.609	5,6
1996	28,9	52.669	3,3	182.541	3,4
1997	28,3	53.393	1,4	188.724	3,4
1998	28,0	54.944	2,9	196.347	4,0
1999	28,4	57.899	5,4	203.851	3,8
2000	27,9	59.678	3,1	213.606	4,8
2001	27,9	61.628	3,3	220.525	3,2
2002	28,2	64.040	3,9	226.735	2,8
2003	28,7	66.458	3,8	231.862	2,3
2004	28,3	68.622	3,3	242.348	4,5
2005	28,0	71.046	3,5	254.075	4,8
2006	27,5	73.757	3,8	267.824	5,4
2007	27,0	76.709	4,0	283.978	6,0
2008	27,6	81.001	5,6	293.762	3,4
2009	29,6	85.158	5,1	288.044	-1,9
2010	29,6	87.639	2,9	295.897	2,7
2011	28,8	89.411	2,0	310.129	4,8
2012	29,2	92.907	3,9	318.653	2,7
2013	29,6	96.008	3,3	323.910	1,6
2014	29,8	99.282	3,4	333.146	2,9
2015	29,9	102.803	3,5	344.269	3,3
2016	29,8	106.666	3,8	357.608	3,9
2017	29,4	108.581	1,8	369.362	3,3
2018	29,1	112.220	3,4	385.424	4,3
2019	29,3	116.564	3,9	397.519	3,1
2020	34,1	129.230	10,9	379.321	-4,6
2021[4]	32,8	132.178	2,3	402.710	6,2

Q: STATISTIK AUSTRIA, Europäisches System der Integrierten Sozialschutzstatistik (ESSOSS). Erstellt am 21.07.2022. – 1) Anteil der Sozialausgaben am Bruttoinlandsprodukt. – 2) Berechnung gemäß ESSOSS. Die Sozialausgaben umfassen die Ausgaben für Sozialleistungen sowie die Verwaltungskosten und sonstige, nicht zuordenbare Ausgaben, nicht jedoch Transfers an andere Systeme (umgeleitete Sozialbeiträge und sonstige Transfers). – 3) 1990–1994: Bruttoinlandsprodukt zu laufenden Preisen gemäß ESVG 1995, Volkswirtschaftliche Gesamtrechnungen mit Stand vom März 2014; ab 1995: Bruttoinlandsprodukt zu laufenden Preisen gemäß ESVG 2010, Volkswirtschaftliche Gesamtrechnungen mit Stand vom Juni 2022. – 4) Vorläufige Daten.

Diese Ursprungstabelle zur Entwicklung der Sozialausgaben in Österreich stammt von Statistik Austria. Sie wurde Ende Juli 2022 veröffentlicht und medial am 12. August 2022 mit dem Titel „Sozialausgaben 2021 auf neuem Höchststand" der Öffentlichkeit breiter vorgestellt, obwohl das BIP 2021 stärker gewachsen ist als die Sozialausgaben und die Sozialquote entsprechend rückläufig war.[61] Kann man machen, muss und soll man meiner Meinung nach aber nicht. Dass sämtliche Medien diesen Spin der Erzählung aufgegriffen haben, wonach (zu) hohe Ausgaben für Sozialschutz vorlägen – insbesondere für Pensionen oder andere altersbedingte Leistungen –, ist nur eine kleine Randnotiz.

Was wäre eine Alternative gewesen? Man hätte z. B. auch schreiben können: „Sozialquote sinkt trotz Krisenmodus", „Sozialstaat hat in der Krise gut funktioniert" oder „Über ein Vierteljahrhundert stabile Sozialausgaben zwischen 26 und 30 Prozent des BIP, dann krisenbedingter Ausreißer". Die Hauptbotschaften sind, zugespitzt gesprochen, also zwischen „Drama" und „No Drama" leicht skalierbar. Das ist mitunter irritierend, oder?

Kommen wir aber zurück zur Variabilität der Darstellung. Vier Varianten der Darstellung bieten sich jedenfalls an (siehe S. 81 und 82):

- Variante 1: Entwicklung der Sozialquote
- Variante 2: Entwicklung der Sozialquote mit anderer Skalierung
- Variante 3: Entwicklung der Sozialausgaben nominell
- Variante 4: Entwicklung der Sozialquote mit „verdrehten" Jahreszahlen

Natürlich gäbe es noch viele andere Möglichkeiten, ich denke aber, es reichen bereits diese vier Varianten für die Schärfung des Blicks.

Ich hoffe inniglich, dass in Zukunft nur Variante 1 – also die Entwicklung der Sozialquote ohne „Achsenverkürzung" – für die politische Auseinandersetzung ins Rennen geschickt wird. Die Erfahrung der letzten Jahre lässt aber befürchten, dass die anderen Varianten wieder effektvoller in Debatten dominieren.

FAZIT Ohne gute Forschungsbedingungen wird es keine guten Grundlagen für notwendige politische Entscheidungen geben können. Aber der Umstand, dass bei der Interpretation und Darstellung mit Statistiken geblendet und getäuscht werden kann, soll hier keinesfalls verschwiegen werden.

Sozialquote und Sozialausgaben 1990 bis 2021

Variante 1
Sozialquote 1990–2021 (in % des BIP)

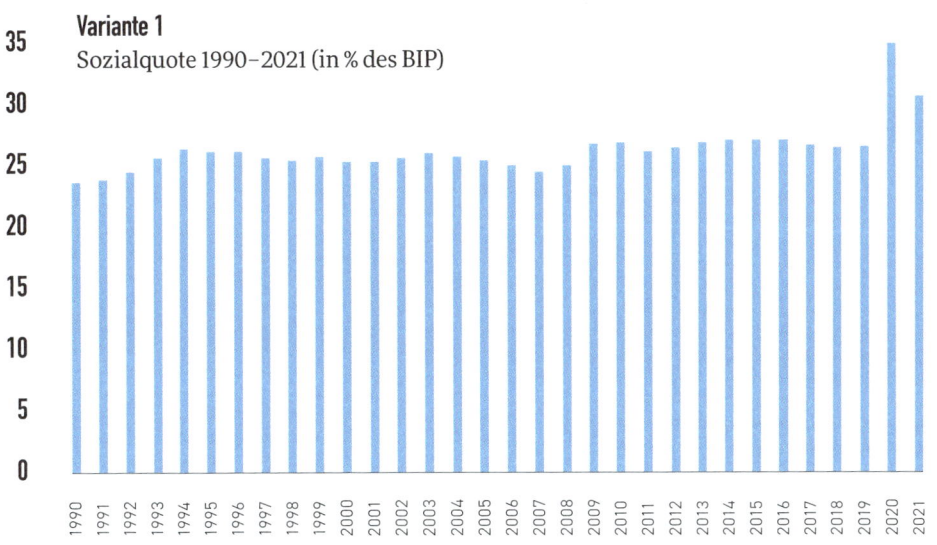

Variante 2
Sozialquote 1990–2021 (in % des BIP)

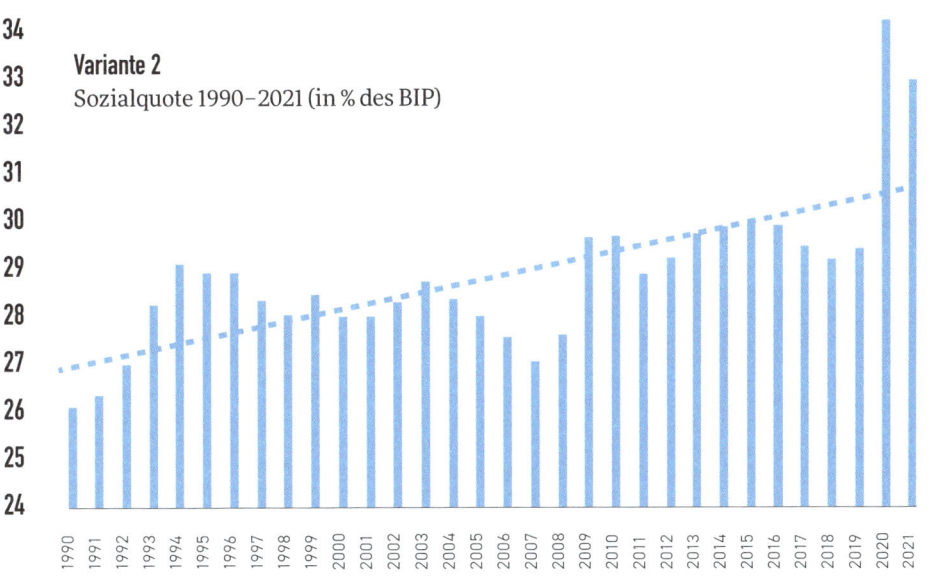

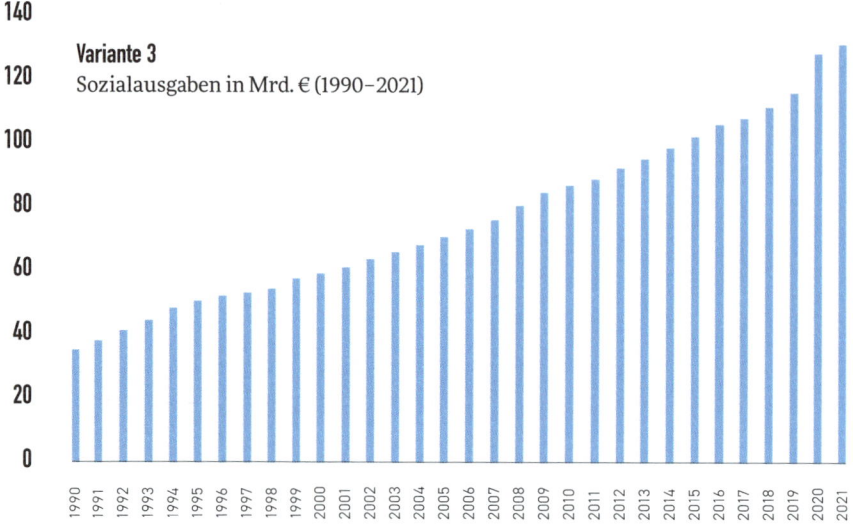

Variante 3
Sozialausgaben in Mrd. € (1990–2021)

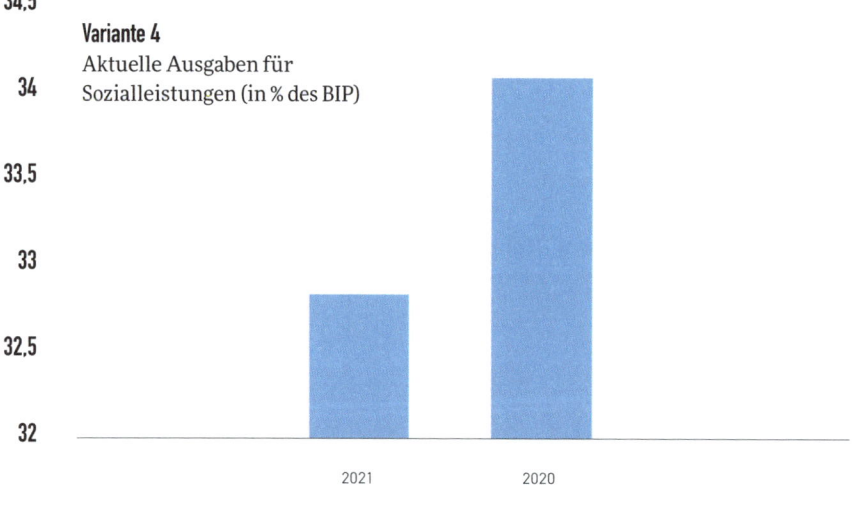

Variante 4
Aktuelle Ausgaben für
Sozialleistungen (in % des BIP)

Quelle: Eigene Darstellungen auf Basis von Statistik Austria (2022), ESSOSS-Daten.

T
... TRADE-OFF
ZWISCHEN ZIELEN

Ich kann mich noch gut an einen dieser „Augenöffner"-Momente beim Studium erinnern, der meinen Beobachterblick auf politische Debatten völlig erweitert hat, nämlich den Tag, an dem ich als junger VWL-Student erstmals vom „magischen Vieleck" zu hören bekam. Worum geht es bei diesem grundsätzlich einfachen Bild und warum wird es „magisch" genannt?

Das magische Vieleck

Quelle: eigene Darstellung.

Verkürzt könnte man sagen, das ist nichts anderes als eine Mini-Landkarte der wirtschafts- und gesellschaftspolitischen Ziele, die z. B. eine Bundesregierung verfolgen kann. Auf einige Instrumente hat sie sogar unmittelbar gestaltenden Einfluss, wie z. B. auf die Konjunktursteuerung und den Arbeitsmarkt, bei der Preisstabilität ist ihr Beitrag hingegen geringer. So weit, so gut.

Was aber schnell auffällt ist, dass nicht alle Ziele gleichzeitig erreichbar sind. Vielmehr ergänzen sich einige Ziele ganz gut, andere stehen unter Umständen in Konkurrenz zueinander. Das macht alles auch spannender – also „magisch" anspruchsvoll.

Die Wechselwirkungen zwischen den Zielen können auf den ersten Blick sehr trivial sein: Idealerweise führt ausreichendes Wirtschaftswachstum zu höherer Beschäftigung und diese wiederum zu mehr Nachfrage, weil durch mehr verfügbares Einkommen in der Bevölkerung auch mehr konsumiert wird.

Komplizierter verhält es sich aber z. B. damit, wie sich steigende Beschäftigung auf eine faire Einkommensverteilung auswirkt. Steigt etwa nur die Nachfrage nach Niedriglohn-Arbeitsplätzen, kann das sogar zu einer weiteren Polarisierung der Einkommen in der Gesellschaft beitragen. Denselben Effekt hätten wir, wenn beispielsweise alle neuen Jobs ausschließlich Teilzeitarbeitsplätze mit niedrigeren Einkommen wären. Früher wurde auch noch Umweltschutz – in Form von höheren Produktionskosten durch Umweltschutzauflagen – gegen Wirtschaftswachstum „ausgespielt", wobei ich denke, dass mittlerweile die Wachstumspotenziale eines sozial-ökologischen Umbaus von Wirtschaft und Gesellschaft schon breiter anerkannt sind.

Kurzum: Es ist gar nicht so leicht, alle Wechselwirkungen gleich zu verstehen, zumal sie sich auch über die Zeit verändern. Es gab z. B. Phasen, in denen ein bis zwei Prozent reales Wirtschaftswachstum reichten, die Arbeitslosigkeit zu senken, in anderen waren es drei bis vier Prozent. Das ist ein enormer Unterschied!

Entscheidend ist schließlich die „Gewichtung" und die Bedeutung, die z. B. eine Bundesregierung oder die EU-Kommission diesen Zielen beimisst. Verschiedene ökonomische Denkschulen oder Parteien haben unterschiedliche Prioritäten. Für die einen sind Vollbeschäftigung und soziale Gerechtigkeit prioritäre Ziele, für andere sind hohe Einkommen der Beschäftigten oder hohe Sozialstandards sogar Hindernisse für Wachstum und Fortschritt.

An dieser Stelle möchte ich noch auf eine gelungene Weiterentwicklung dieses Basismodells hinweisen, das sogar besser auf gesellschaftlichen Wohlstand und ökonomische Nachhaltigkeit abzielt – das adaptierte Vieleck im AK-Wohlstandsbericht, der seit 2018 jährlich erscheint und fünf Dimensionen mit 30 Teilzielen analysiert.[62]

Klar sollte auch sein, dass in Zukunft viele Fragen des künftigen Wohlstands und der gesellschaftlichen Ressourcen zentraler als früher an der Frage hängen, ob wir die Klimakrise adäquat in allen Politikfeldern adressieren oder nicht.[63]

FAZIT Es gibt verschiedene Prioritäten bei wirtschafts- und sozialpolitischen Fragestellungen! Daher unterscheiden sich auch die „Lösungen" maßgeblich voneinander.

... UMVERTEILUNG NACH OBEN HILFT

Dass der Sozialstaat Menschen mit niedrigem oder gar keinem Einkommen vor Armut oder Elend schützen soll, ist den meisten bekannt. Weniger bekannt ist, in welcher Weise der österreichische Sozialstaat auch jenen nützt, die bereits über hohe Einkommen oder Vermögen verfügen. Dazu haben die vormalige AK-Expertin Romana Brait und ich uns schon einmal in einem längeren Beitrag Gedanken gemacht.[64]

Im heimischen Sozialstaat hat man oft den Eindruck, dass mit zweierlei Maß gemessen wird und manche Stimmen einfach sehr laut sind, während gerade jene der ärmeren Gruppen gerne „überhört" werden. Auch im Alltag merkt man schnell die Unterschiede: Während die Armen der Gesellschaft ihre Vermögens- und Einkommensverhältnisse teils auf den Cent genau offenlegen müssen, schafft es die materielle Elite in vielerlei Hinsicht, „unsichtbar" zu bleiben.

Im Grunde sollte es der Sozialstaat jedem Menschen ermöglichen, sich selbst – unabhängig von materieller Ausstattung oder Ressourcen allgemein – wie einen sichtbaren Mosaikstein in der Gesellschaft einzubringen. Die Teilhabe ist schließlich die Voraussetzung z. B. für soziale Aufstiegschancen, auch jene der nächsten Generation.

Oft sind auf dem Papier alle „gleich" zu behandeln – denken wir nur an die Versorgung einer Platzwunde am Arm. Gut, die einen haben sich vielleicht am Golfplatz verletzt, die anderen auf der Baustelle oder im Lager.

Im realen Leben gibt es also trotz hehrer Ansprüche unterschiedliche Realitäten, Betroffenheiten und unterschiedliche soziale Bedürfnisse. So profitieren Bezieher:innen niedriger und mittlerer Einkommen stärker von der sozialstaatlichen „Schutzfunktion", da sie eher von Arbeitslosigkeit, Invalidität oder auch unwürdigen Niedriglöhnen betroffen sind. Öffentliche Leistungen, die in diesen Problemfeldern Abhilfe schaffen, sind etwa die Sozialhilfe/Bedarfsorientierte Mindestsicherung oder die Ausgleichszulagen. Es sind aber oft gerade diese Leistungen, bei denen verlangt wird, dass die (meist einkommensschwachen) Betroffenen alle Einkommensbezüge und Besitzgegenstände vor den Behörden offenlegen.

Menschen mit hohem Einkommen docken, z. B. durch einen Informationsvorsprung oder durch höhere Erwartungshaltungen, etwas anders am System an. Bezieher:innen höherer Einkommen bzw. ihre Familien profitieren damit oft sogar stärker von öffentlichen Leistungen, weil sie das beste Leistungsportfolio für sich beanspruchen. Das sieht man beispielsweise beim besseren Zugang zu Gesundheitsdienstleistungen oder bei der Inanspruchnahme von Bildungsleistungen.

Ein Beispiel: Im Jahr 2021 wurden für Universitäten und Fachhochschulen vier bis fünf Milliarden Euro ausgegeben. Doch nur sechs Prozent der Kinder von Eltern mit Pflichtschulabschluss schließen auch die Universität bzw. eine Fachhochschule ab. Im Umkehrschluss: Von den Hochschulausgaben profitieren also überwiegend wohlhabendere Schichten. Im Unterschied zu Leistungen mit einem ausschließlichen Schutzeffekt, haben Hochschulausgaben also auch einen „Sprungbrett-Effekt", denn ein höherer Bildungsabschluss führt später meist zu einem höheren Einkommen und einer stabileren Berufslaufbahn.

Nicht zu vernachlässigen ist auch der Umstand, dass der Sozialstaat beträchtliche Summen in Bereiche wie etwa Medizin oder Grundlagenforschung investiert, um damit die zukünftige Steigerung der allgemeinen Wohlfahrt zu fördern. Die in diesen Feldern entstehenden Arbeitsplätze kommen wiederum am ehesten Höherqualifizierten und Besserverdiener:innen zugute!

Wie an mehreren Stellen bereits erwähnt: Auch im Sozialstaat stellt der Arbeitsmarkt vielfach die entscheidenden Weichen zum Glück oder Unglück. Österreich hat sich – ebenso wie Deutschland, dort allerdings auf niedrigerem Niveau – historisch eher für ein Sozialstaatsmodell „konservativer" Prägung entschieden, in dem Sozialversicherungsprinzipien dominieren. So sind deutlich mehr als die Hälfte aller Geldleistungen im österreichischen Sozialsystem (etwa Arbeitslosenversicherung oder Pensionsversicherung) sozialversicherungsrechtliche Leistungen. Hier herrscht ein deutlicher Zusammenhang zwischen der Höhe der einbezahlten Beiträge und den Leistungsansprüchen. Kurz gesagt: Hohe Beiträge führen auch zu hohen Leistungen.

Die berechtigte Zuschreibung an das heimische System, dass die soziale Absicherung oft ein klares Spiegelbild des Erwerbsstatus der Menschen ist, verheißt damit für bestimmte Gesellschaftsgruppen nichts Gutes. So fallen z. B. die Sozialleistungen für Teilzeitbeschäftigte mit niedrigem Stundenausmaß, für Personen mit fragmentierten Erwerbskarrieren oder für Menschen, die geringe Chancen haben, am Arbeitsmarkt nachhaltig Fuß zu fassen, mitunter sehr niedrig und damit kaum existenzsichernd aus. Im Umkehrschluss ermöglicht der österreichische Wohlfahrtsstaat gerade bei stabilen Erwerbsbiografien im gehobenen Einkommensbereich – das sind Bereiche rund um die Höchstbeitragsgrundlage und darüber – auch Leistungsstandards, die lange ein „gutes Leben" sichern.

Es stellt sich zusätzlich die Frage, ob es für ohnedies Bevorteilte weitere Sondervorteile im System gibt. Die Antwort „Ja" ist für mich jedenfalls zulässig. Den Befund „hohe Leistungen und geförderte Extras" bestätigt exemplarisch das höchst emotionale Argument der unterschiedlichen Lebenserwartung. Akademiker – oft mit stabilen Erwerbsbiografien und guten Pensionsaussichten – leben z. B. im Schnitt sechs Jahre länger als Männer mit Pflichtschulabschluss.[65] Ein weiteres Argument: Zusätzliche, privat finanzierte und damit für die breite Masse eher unleistbare „Extra-Pakete" in den Bereichen Gesundheit, Altersvorsorge, Bildung und Kinderbetreuung werden direkt oder indirekt gefördert, etwa weil sie von der Steuer abgesetzt werden konnten und können oder es eine öffentliche Sparförderung lange Zeit gab bzw. gibt. Einige Korrekturschleifen wurden zum Glück schon gezogen.

Darf sich Österreich dennoch als Vorbildsystem bezeichnen? Dass es durchaus Verbesserungspotenziale in der sozialen Absicherung gibt, insbesondere im unteren Bereich der Einkommensverteilung, ist offensichtlich. Und doch zählt Österreich stets zu den besten und erfolgreicheren Ländern, sowohl europa- als auch weltweit. Die Standards sind überdurchschnittlich hoch und insgesamt profitiert (noch) eine „breite Mitte" der Gesellschaft vom Sozialstaat.

Neben den Schieflagen auf der Leistungsseite gibt es auch besondere Unterschiede bei den Finanzierungsbeiträgen des Faktors Arbeit und der Kapitalseite. So sind Steuerprivilegien für Unternehmen, aggressive Steuerplanung und Sonderkonstruktionen für Vermögende wie Stiftungen nichts anderes als eine problematische Umverteilung nach oben! Dieser Gedanke kommt in der gängigen Debatte wie ich finde viel zu kurz.

Sind es doch oft international agierende Unternehmen und Vermögende, die durch Steuerhinterziehung und -vermeidung jenen Staat, von dessen Leistungen sie sonst gerne Gebrauch machen (z. B. Infrastruktur, ausgebildete Fachkräfte, Rechtsstaat, Rettungspakete), um seine Finanzierung prellen.[66] Es gibt meiner Meinung nach nichts zu beschönigen: Steuerbetrug im weitesten Sinn ist schlichtweg unsolidarisch und kein Kavaliersdelikt!

Trotz „Extras" für Bessergestellte funktioniert der Sozialstaat in Österreich im Wesentlichen gut. Durch die Taktiken der Steuerhinterziehung und -vermeidung von großen Konzernen und reichen Privatpersonen gerät das System eines breiten Wohlfahrtsstaats jedoch ins Wanken, denn dadurch werden die eigentlich monetär leistungsfähigsten Steuerzahler:innen von der Finanzierung ausgenommen.

... VERTEILUNGS-UNTERSCHIEDE ALS MOTIVATION

Vorweg: Dem Buchstaben V widme ich mich in Relation zu den übrigen Buchstaben etwas ausführlicher, da für mich seit jeher Verteilungsdebatten und die dafür notwendigen, empirischen Grundlagen die zentralen Fragen für eine Gesellschaft bzw. die konkrete Politikgestaltung sind. Dabei geht es z. B. darum, wie Vermögen verteilt sind, wer wie viel zur Finanzierung des Sozialstaats beiträgt und wer wie stark von der einen oder anderen Leistung profitiert. Zentral sollte in diesem Zusammenhang auch die Analyse sein, ob eine Bundesregierung mit den gesetzten Maßnahmen das erreicht hat, was sie sich vorgenommen hat. Wurde tatsächlich z. B. eine „Entlastung von kleinen und mittleren Einkommen" erreicht oder war es am Ende doch wieder mal eine Umverteilung nach „oben"?

Während wir bei Sozialhilfeempfänger:innen, Bezieher:innen von Arbeitslosengeld oder Notstandshilfe so ziemlich alles über die finanzielle Situation der Personen und Haushalte wissen, haben wir oft wenig Informationen über das andere Ende der Einkommensskala, nämlich die Vermögenden und Superreichen. Sie können ihre Einkommens- und Vermögensverhältnisse mangelhaft angeben oder sie sind für die von der Nationalbank durchgeführten Vermögenserhebungen einfach nicht „greifbar".[67]

Nichtsdestotrotz ist ein Befund traurige Gewissheit: Österreich wies bereits vor der Pandemie eine der höchsten Vermögensungleichheiten in der Eurozone auf. Die reichsten fünf Prozent besitzen 55 Prozent des gesamten Nettovermögens, das reichste Prozent besitzt allein fast 40 Prozent. Die Hälfte der Bevölkerung hat hingegen kaum nennenswertes privates Vermögen und kann auf kein finanzielles Polster in der Krise zurückgreifen. Das bedeutet: Die einen haben echte Luxussorgen, die Mehrheit kämpft aber ums Elementare – etwa die gestiegenen Stromkosten, Kosten für benötigte Kleidung oder Schulsachen der Kinder stemmen zu können.

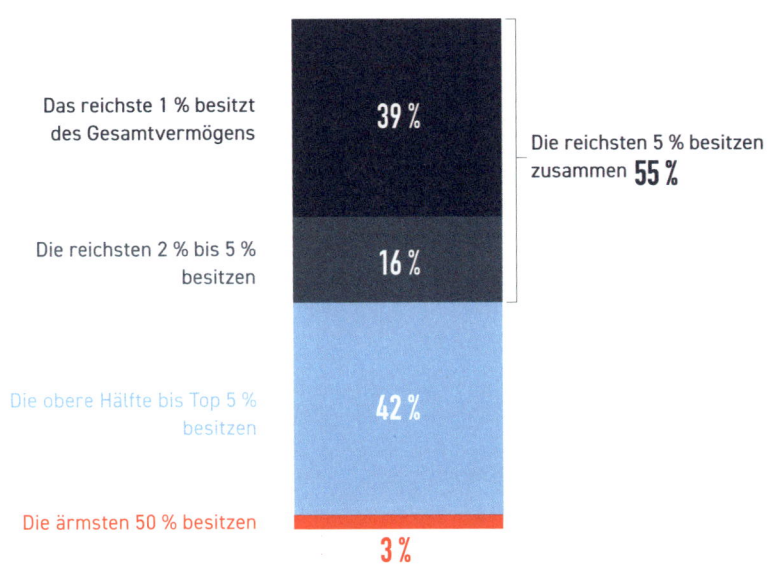

Vermögen in Österreich ungleich verteilt
Anteil am Privatvermögen

Das reichste 1 % besitzt des Gesamtvermögens — **39 %**

Die reichsten 5 % besitzen zusammen **55 %**

Die reichsten 2 % bis 5 % besitzen — **16 %**

Die obere Hälfte bis Top 5 % besitzen — **42 %**

Die ärmsten 50 % besitzen — **3 %**

Quelle: Heck/Kapeller/Wildauer (2022), Darstellung AK Wien.

In der Gesellschaft gibt es natürlich viel mehr Schieflagen abseits von Vermögensverteilung oder verschiedenen Lebensentwürfen, die von materiellen Möglichkeiten abhängig sind. Ich möchte hier nur ein paar Dimensionen kurz – mit ausgewählten Gedanken – skizzieren:

- **Ungleichheit und Arbeitsmarkt:**

Ungerechtigkeiten treten augenscheinlich zutage, wenn bei gleicher Arbeitsleistung unterschiedliche Bezahlung gegeben ist (für Details vgl. Buchstabe G). Wesentliche Teile des Einkommensunterschieds sind schlichtweg (diskriminierende) Schlechterstellungen von Frauen oder Migrant:innen.

Es ist v. a. in der Pandemiezeit offensichtlich geworden, dass die vielzitierten Systemerhalter:innen in Handel, Gesundheitswesen, Pflege oder Müllentsorgung ungleich schlechter entlohnt wurden als Personen mit statusträchtigeren Berufen im Homeoffice. Mitunter wurde sogar heftig und anerkennend geklatscht, aber die Geldbörsen der Beschäftigten wurden bis heute nicht voller.

Dass die einen keine adäquate Arbeit haben, Arbeit suchen oder Stunden aufstocken wollen und andere „überlang" jenseits der 50 oder 60 Stunden pro Woche arbeiten, ist auch kein neues Phänomen.

Außerdem darf nicht übersehen werden, dass die Macht der Konzerne und Unternehmen, die stark die Arbeitsbedingungen und die Bezahlung bestimmen oder Einfluss auf politische Entscheidungen haben (z. B. 12-Stunden-Tag oder Zumutbarkeitsbestimmungen für Arbeitsuchende), gerade in Krisenzeiten ungleich höher ist als sonst. Die Menschen brauchen in der Regel einen Arbeitsplatz zur Finanzierung ihres Lebens. Da kann man individuell gesehen mitunter schon bereit sein, „Abstriche" zu machen und Arbeit anzunehmen, die vielleicht deutlich unter den eigenen Einkommensansprüchen oder den eigenen Qualifikationen liegt, um einfach nur „im Spiel zu bleiben".

- **Ungleichheit und Geschlecht:**

Die Einkommensschere zwischen Frauen und Männern habe ich bereits mehrfach angesprochen. Von Branchenunterschieden bis zur Diskriminierungskomponente war bisher die Rede. Dass die Einkommensunterschiede für die soziale Absicherung im Alter ebenso problematisch sind, leuchtet ein. Und dann darf man sich die Frage stellen: Wie ungerecht ist das denn!? Frauen leisten den Löwenanteil an der Fürsorge- und Betreuungsarbeit, nehmen duldend schlechtere Arbeitsbedingungen hin, halten das Land in der Krise am Laufen, und dann stellt man in Österreich fest: Nur in zwei EU-Ländern ist der Einkommensunterschied zwischen Frauen und Männern größer – Estland und Lettland. Die neokonservative Politikgestaltung der letzten Jahre hat diesen Kurs eher verstärkt als irgendeine Besserung der Lage für Frauen gebracht.

- **Ungleichheit und Gesundheit:**

Wer weniger verdient, wird eher krank: 18 Prozent der Menschen in der höchsten Einkommensklasse beklagen ein Rückenleiden, in der Gruppe mit sehr geringem Haushaltseinkommen sind es rund 32 Prozent. Personen in einkommensschwachen Haushalten beurteilen ihren allgemeinen Gesundheitszustand um einiges schlechter als Personen in höheren Einkommensklassen, und auch das Risiko einer psychischen Erkrankung hängt oft vom sozialen Status ab. Eine finanziell unterstützte Psychotherapie bekommt aber nur jede:r sechste Betroffene, was die soziale Kluft vergrößert. Auch der Zugang zu Gesundheitsleistungen fällt unterschiedlich aus – Stichwort „Dreiklassenmedizin".

Dass zudem die Lebenserwartung nach z. B. Bildung oder Beruf extrem streut und Unterschiede zum Teil von sechs bis 20 Jahren gegeben sind, macht gleichzeitig betroffen und wütend. Wohnungslosigkeit und multiple Belastungen „kosten" rund 20 Jahre an Lebenszeit.

- **Ungleichheit und Bildung:**

Erben spielt in Österreich für die Chancen im Leben und die konkreten Lebensrealitäten eine zentrale Rolle. Ja, auch die Bildungsvererbung ist in der kleinen Alpenrepublik besonders stark ausgeprägt! Darauf bin ich z. T. im Abschnitt zur Chanchen(un)gleichheit in der Bildung bereits detaillierter eingegangen.

Nochmals zugespitzt: Kinder aus Akademiker:innenfamilien werden selbst Akademiker:innen, während es Kinder aus Arbeiter:innenfamilien viel seltener an die Hochschulen schaffen. Die Möglichkeiten hängen mehr von Vermögen und Einkommen, Bildung und Beruf sowie vom sozialen Umfeld der Eltern und dem familiären Umfeld ab, als von irgendeiner individuellen Leistung. Wenn man ehrlich ist: Soziale Mobilität wird oft in Reden beschworen, von echter Chancengleichheit sind wir in Wahrheit Lichtjahre entfernt. Sozialer Aufstieg ist in Österreich im internationalen Vergleich besonders schwer – das betrifft vor allem Kinder mit Migrationshintergrund.[68]

- **Ungleichheit und Demokratie:**

Im ökonomisch benachteiligten unteren Drittel der Bevölkerung gaben 41 Prozent der Wahlberechtigten bei der Nationalratswahl 2019 keine Stimme ab. Im obersten Drittel gingen nur 17 Prozent nicht zur Wahl. Viele Menschen, die seit Jahren in Österreich wohnen, dürfen aufgrund ihrer Staatsbürgerschaft hier nicht wählen.

Politische Entscheidungen werden oftmals durch Lobbying beeinflusst, um etwa Handelsabkommen oder Steuererleichterungen für Reiche durchzusetzen. Oder es wird an Parteien gespendet, um sich die politische Gunst für die eigenen Belange zu sichern. Zur Beeinflussung der Meinungsbildung haben vermögende Industrielle und Unternehmensverbände in den letzten Jahren viel Geld in neoliberale Institute investiert und diesen zu großer medialer Reichweite verholfen.

- **Ungleichheit und globale Ebene plus Klimakrise:**

An dieser Stelle möchte ich v. a. auf den 2021 erschienenen AK-Globalisierungskompass hinweisen, der sehr gut viele Dimensionen der globalen Ungleichheit anspricht.

Der globale Norden – zu dem wir in Österreich gehören – hat lange Zeit dem globalen Süden schwer geschadet, indem Wohlstandsversprechen durch die Globalisierung nicht eingehalten wurden. Oft dominierte der unfaire Wettbewerb auf Kosten von Arbeitnehmer:innen und Umwelt, Arbeits- und Sozialrechte wurden missachtet, Menschenrechte und Umweltstandards entlang der Lieferketten nicht eingehalten und die Steuerleistung von Konzernen wurde auf ein Minimum reduziert.

Global betrachtet sind Menschen in ärmeren Regionen klimabedingten Naturkatastrophen wie Dürren oder Überschwemmungen stärker ausgesetzt. Ärmere Menschen sind auch stärker von lokalen Luft- und Lärmbelastungen betroffen. Sie spüren schmerzhaft die Folgen der Klimakrise, für die sie nicht verantwortlich sind, denn der Anstieg der Treibhausgasemissionen in den letzten 25 Jahren lässt sich nur zu sechs Prozent auf die ärmere Hälfte der Weltbevölkerung zurückführen. Die reichere Hälfte der Weltbevölkerung ist für die verbleibenden 94 Prozent des Zuwachses verantwortlich.[69]

Gibt es Hoffnung angesichts dieser Ungerechtigkeiten?

Ich weiß, das war jetzt alles andere als eine leichte Kost! Für alle, die sich aber vertieft für dieses Thema interessieren, möchte ich hier gezielt auf die drei aktuellen Verteilungsstudien hinweisen. Sie sind von der Abteilung Wirtschaftswissenschaft und Statistik der AK Wien in Kooperation mit dem Marie Jahoda – Otto Bauer Institut erstellt worden und sind noch viel kompakter und besser aufbereitet als mein obiger Versuch, zentrale Schieflagen sichtbar zu machen.[70]

Abschließend ist mir hier noch ein Hinweis besonders wichtig: Martin Schürz, Ökonom und Psychotherapeut, bringt es bei der Vorstellung seines mit Markus Marterbauer verfassten Bestsellers „Angst und Angstmacherei – Für eine Wirtschaftspolitik, die Hoffnung macht" treffend auf den Punkt, dass die „Einkommenswelt" und die „Vermögenswelt" zwei gänzlich unterschiedliche Welten sind, die aber gerne in Debatten vermischt werden, was zur Verzerrung von Gerechtigkeitsdebatten beiträgt (siehe unten „Auf einen Blick").

FAZIT

Chancengleichheit und ein gutes Leben für alle sind derzeit noch eher Utopie als Realität. Die Debatte zu den Schieflagen sollte prägnanter und radikaler geführt werden – sonst sind die Beharrungskräfte für den Status quo wohl ausgeprägter.

AUF EINEN BLICK

„In der Einkommenswelt bewegen sich die meisten Menschen – sie leben von ihrer Arbeit, vom Gehalt, von ihrem Lohn. In der Vermögenswelt hingegen dominieren sehr, sehr reiche Menschen. Grundsätzlich ist diese Unterscheidung so wichtig, weil in einem gut funktionierenden Sozialstaat Menschen eigentlich kein Vermögen brauchen würden. Ein hinreichend hohes Einkommen wäre ausreichend. [...] Gerechtigkeitsdebatten, die immer über Leistung geführt werden, sind vorab in der Einkommenswelt positioniert. In der Vermögenswelt macht das keinen Sinn – wenn ich erbe, ist keine Leistung drinnen. Deswegen bewegen sich Gerechtigkeitsdebatten immer vorschnell wieder in die Einkommenswelt, wo sie aber nicht hingehören, weil es um die riesige Vermögensungleichheit geht."

Quelle: Zitat von Martin Schürz, Ö1-Sendung „Kontext" vom 23. September 2022; eigenes Transskript.

W

... WOHNEN
IM EIGENHEIM

Ganz oben dabei in der Reihe der verächtlichen, für mich völlig abgehobenen Äußerungen der Politik-Elite der jüngeren österreichischen Geschichte sind für mich jene – insbesondere von der ÖVP propagierten – zum Wohnthema.[71] Sinngemäß ließen sich viele Statements so zusammenfassen: „Was jammert ihr über steigende Wohnkosten, setzt doch auf Wohneigentum, dann bekommt ihr eure Wohnkosten gut in den Griff."

Der Hinweis im schwarz-blauen Regierungsprogramm aus 2017, dass Eigentum ein selbstbestimmtes und abgesichertes Leben bzw. Älterwerden ermögliche, kommt zwar ziemlich unverdächtig daher – es steckt aber doch so viel Zynismus dahinter. Wer hätte nicht gerne ein Eigenheim im Grünen, vielleicht sogar mit großem Garten, oder eine feine Wohnung, die er/sie als sein/ihr „Eigen" bezeichnen kann? Ich fürchte nur, dieser formulierte Anspruch auf die eigenen vier Wände geht sich finanziell einfach für ganz viele – selbst im „funktionierenden" Haushaltsverbund – nicht aus.

Für Einzelpersonen halte ich diesen Traum derzeit ohnedies schlichtweg für „unleistbar" und daher ziehe ich für das folgende Rechenbeispiel lieber ein Pärchen ohne Kinder mit mittlerem Einkommen heran. Ich versuche, mir grob auszurechnen, wie lange die beiden brauchen werden, bis ihr Wohnglück wirklich „das ihre" ist – oder besser gesagt: ihres wäre.

Bei meinem fiktiven Paar verdienen beide ein mittleres Einkommen von jeweils 2.100 Euro brutto pro Monat und damit haben sie zusammen 3.000 Euro netto für das komplette Leben zur Verfügung. Seit einiger Zeit legen sie ein Drittel dieses Betrags, also 1.000 Euro, fürs Wohnen zur Seite. Angenommen, das Paar – nennen wir sie Alexandra und Max – hat eine Wohnung im Auge, die 400.000 Euro kostet. Sie haben fleißig gespart und Unterstützung aus der Familie bekommen und auf diese Weise 120.000 Euro zusammengekratzt. Ein Gespräch bei der Bank erweist sich dennoch als Ernüchterung: Trotz der Eigenmittel (30 Prozent vom Kaufpreis der Wohnung) ist die Wohnung nicht leistbar. Denn die Bankberaterin sagt, dass Nebenkosten von rund zehn Prozent anfallen und zum Kreditbetrag von 280.000 Euro hinzugerechnet werden müssen – es geht also um einen Kreditbetrag von rund 300.000 Euro. Die von der Kreditberaterin schwarz auf weiß erstellte Berechnung zeigt, dass bei einem angenommenen Zinssatz von drei Prozent und einer Laufzeit von 25 Jahren die monatliche Kreditrate 1.413 Euro ausmacht – ohne die Lebensversicherung, die die Bank für beide Kreditnehmer:innen zwingend verlangt. Fazit: Das Paar müsste rund 50 Prozent seines Nettoeinkommens für den Kredit aufbringen. In diesem Fall darf die Bank den Kredit gar nicht vergeben. Sie würde höchstwahrscheinlich gegen gesetzliche Regeln zur Bonitätsprüfung verstoßen. Für die beiden, Alexandra und Max, ist gerade der Traum von den eigenen vier Wänden geplatzt wie eine Seifenblase.

Andere, die bereits ihr Eigenheim über einen Kredit finanzieren, wissen: Es darf einkommensmäßig wenig schiefgehen – was das ganze Unterfangen für Jungfamilien schon sehr schwierig macht. Oft kommt es vor, dass ein Elternteil dann Teilzeit arbeitet, Zeiten der Arbeitslosigkeit schlecht abgesichert sind oder die Berufslaufbahn nicht gradlinig verläuft. Für viele ist es auch ernüchternd, dass die Einkommensentwicklung oft nicht mit den familiären finanziellen Mehrbelastungen mithält, und da spreche ich noch gar nicht von besonderen Herausforderungen wie z. B. Behinderungen oder chronischen Krankheiten der Kinder. Beim Schreiben dieser Zeilen sehe ich vor mir, wie sich viele Eltern wegen steigender Stromrechnungen oder aufgrund von unerwartet rasant steigenden Materialkosten beim Hausbau Sorgen machen.

Glücklich können sich heute v. a. jene schätzen, die in Gemeindewohnungen leben oder vom geförderten Wohnbau profitieren – das sind die wenigen „Hoffnungsschimmer" für leistbares Wohnen.[72] Am „freien" Wohnungsmarkt schaut es hingegen bitter aus. Abgesehen von Befristungen und bis vor Kurzem hohen Maklerkosten sticht ins Auge, dass auch transnationale Investoren zunehmend ein Geschäft wittern und ihren Schnitt machen wollen. In Österreich sind diese Entwicklungen noch nicht so stark ausgeprägt wie in anderen Ländern (als Beispiel sei der Immobilienkonzern Vonovia in Deutschland genannt), aber dennoch sind erste Trends erkennbar. Allein in Wien, stellt der AK-Wohnexperte Lukas Tockner fest, hat die Zahl der 2021 von Investoren gekauften Wohnungen deutlich zugenommen. Fonds, Banken und Co. kauften innerhalb eines Jahres knapp 5.000, also jede zweite Wohnung, die gewerbliche Bauträger in diesem Jahr errichtet haben.

Die am Markt angebotenen Wohnungen sind aber – abseits der unleistbaren Luxusangebote – auch nicht immer die Erfüllung eines Traumes. Die Wohnexpertin Mara Verlic spitzt es zu: „Wenig Vielfalt, kaum Flexibilität" und „Familienwohnungen Fehlanzeige"![73] Die gebotene „Qualität" hält mit den Preisen schlichtweg nicht Schritt.

Wohnen ist selbst unter ökonomisch stabilen Verhältnissen zu einem fast unerschwinglichen Luxus geworden. Die Forderung nach „mehr Wohneigentum für alle" ist als blanker Zynismus zu bewerten.

... X FÜR EIN U VORMACHEN

Die oben exemplarisch angeführten Schieflagen lassen sich letztlich nur kritisch benennen, wenn die Gesellschaft oder Menschen mit Regierungsverantwortung bereit sind, den Status quo der Gesellschaft mit guten Analysen und Studien fundiert zu erheben. Dafür muss man gewissenhaft Daten erheben lassen, sie in Beziehung zu gesellschaftlichen Strukturen setzen und dann Ableitungen für die politische Debatte treffen. Dass dieser Zugang nicht immer sehr beliebt war und ist, möchte ich anekdotisch an einem Beispiel festmachen, das ich aus meinem eigenen Erfahrungsschatz beisteuern kann. Für diese Erfahrung bin ich in vielerlei Hinsicht dankbar – es waren aber auch einige Enttäuschungen dabei, wie ich gleich ausführen werde.

In meiner Diplomarbeit an der Wirtschaftsuniversität Wien habe ich mich mit zwei zu dieser Zeit verfügbaren „Verteilungsstudien" auseinandergesetzt. Eine davon war vom WIFO und auf diesem Wege lernte ich Alois Guger, über viele Jahre ein zentraler Forscher in Österreich zu Verteilungsfragen, und seine Arbeiten kennen. Es war für mich eine glückliche Fügung, dass er sich an meine Bitte erinnern konnte, dass ich gerne einmal – sollte er wieder eine Finanzierungszusage bekommen – an so einer Studie in irgendeiner Form mitarbeiten wollte. Tatsächlich sollte es 2007 möglich sein.

Alois Guger hatte über verschiedene Fördertöpfe von Nationalbank, Sozialministerium und Bundeskanzleramt die notwendigen Mittel aufgestellt und schließlich konnten im Frühjahr 2007 die Arbeiten beginnen. Der Auftrag war klar: Wir wollten wissen, wie die Umverteilung im Staat funktioniert. Die zentrale Forschungsfrage lautete: Welche Einkommensbereiche zahlen im jeweiligen System – von Gesundheit bis Bildung – wie viel ein und wie viel fließt wieder zurück? Das Forscher:innenteam begann, die ersten umfangreichen Datensätze zu Personen- und Haushaltseinkommen zu bearbeiten, kombinierte sie mit anderen Quellen und jedes Zwischenergebnis wurde akribisch auf seine Plausibilität überprüft. Zwei Jahre später war das Projekt abgeschlossen und die Ergebnisse konnten veröffentlicht werden.[74] Ich selbst war als Teil des Projektteams sehr stolz, dass wir aus dem „Datenberg" wichtige Ergebnisse herausgearbeitet hatten, die für die politisch Verantwortlichen eigentlich handlungsanleitend sein hätten sollen. Es kam aber zum Teil anders.

Kurz gesagt: Die Ergebnisse waren für viele wohl (zu) ernüchternd und bargen hohen sozialpolitischen Sprengstoff. Denn: Trotz hoher Staatsquote und hohem Umverteilungspotenzial waren die Umverteilungseffekte auf der Einnahmenseite sehr begrenzt. Das Ergebnis war also genau das Gegenteil der gängigen Debatte. Dies hing v. a. mit dem hohen Anteil der indirekten Steuern – allen voran der Mehrwertsteuer, die niedrigere und mittlere Einkommen verhältnismäßig stark in Relation zu ihrem Einkommen betrifft –, der Höchstbeitragsgrundlage als „Einnahmendeckel" in der Sozialversicherung und der geringen Besteuerung von Vermögen zusammen. „Umverteilung" funktionierte also weiterhin vorrangig über die Ausgabenseite. Hier waren relativ großzügige Geldleistungen für Familien und zur Alterssicherung dominant. Fürsorge- und Mindestsicherungselemente bzw. das Angebot an sozialer Infrastruktur waren hingegen schwach ausgeprägt. Was ich hier beschreibe, sind Erkenntnisse aus Daten der 2000er-Jahre. Bis heute hat sich hier im Kern trotz unzähliger Gesetzesänderungen und Initiativen aber wohl wenig geändert. Eine ziemlich triste Bilanz!

Damit hängt auch meine oben angedeutete Enttäuschung zusammen. Es wäre sicher naiv gewesen, zu glauben, dass die rot-schwarze Bundesregierung auf Basis einer einzigen WIFO-Studie die Republik strukturell weiterentwickelt. Aber dass letztlich so wenige sozialpolitische Fortschritte gemacht wurden und dass die politische Debatte zum Teil völlig entkoppelt von Fakten verlief, das tat angesichts der jahrelangen Arbeit doch weh. Nachdem die Vorgängerstudie aus 1996 stammte, hätte ich zumindest erwartet, dass nach eineinhalb Jahrzehnten des Nicht-Hinschauens und auf Basis der neuen Analysen doch ein großkoalitionärer Kraftakt möglich gewesen wäre, einige Schieflagen in der Verteilung aktiv anzugehen.

Was das für die Gegenwart bedeutet: Ich bin überzeugt, dass es für die politisch Verantwortlichen für gute Entscheidungen gute Orientierungspunkte geben muss. Diese

Orientierungspunkte können die führenden Forschungsinstitute oder Universitäten in Österreich sicher liefern, wenn man ihnen die Forschungsmittel zur Verfügung stellt und sie ohne Einflussnahme arbeiten lässt. Die aktuellste Verteilungsstudie liegt bereits einige Jahre zurück und ein neuer „Sozialbericht" für Österreich ist leider auch nicht zeitnah absehbar.

FAZIT

„Umverteilung" funktioniert in Österreich nach wie vor vorrangig über die Ausgabenseite, nicht über die Einnahmenseite. Die Forschungslandschaft wäre sicher bereit, den Status quo in Österreich gut abzubilden und wichtige Fundamente für niveauvollere Debatten zu schaffen. An den Budgets darf es nicht scheitern.

AUF EINEN BLICK

Äquivalente Abgaben der Erwerbstätigenhaushalte
Dezile nach dem äquivalenten Bruttogesamteinkommen, 2015

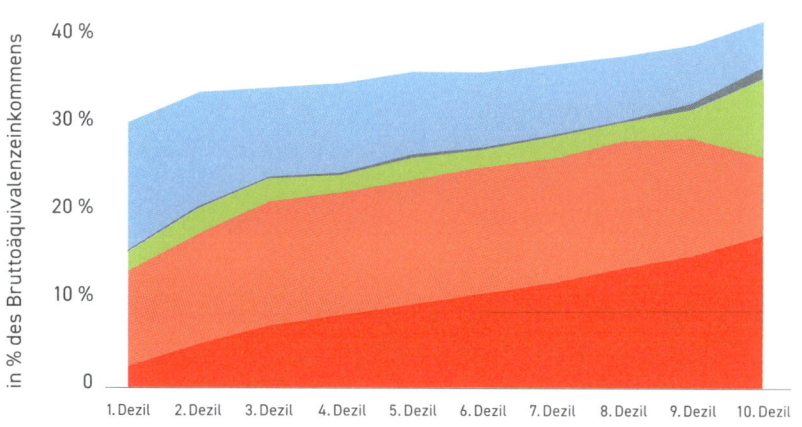

■ Lohnsteuer von Unselbständigeneinkommen und Pensionen

■ Sozialbeiträge von Unselbständigeneinkommen (ArbeitnehmerInnen) und Pensionen

■ Einkommensteuer und Sozialbeiträge von Selbständigeneinkommen

■ Einkommen- und Kapitalertragsteuer von Vermögenserträgen

■ Indirekte Steuern

Quelle: Rocha-Akis, S., Mayrhuber, C. (2019), Umverteilung durch den Staat in Österreich; eigene Darstellung.

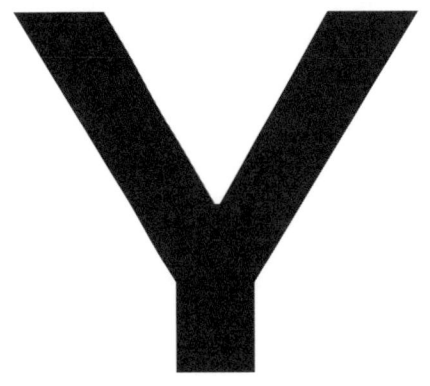

Y

... YOU CAN'T ALWAYS GET WHAT YOU WANT

Wenn also Sozialleistungen, sei es in Geld oder in Form von Dienstleistungen, für mindestens 90 Prozent der Bevölkerung so wichtig sind, warum gelingt es dann nicht, die notwendigen Mittel für die Vielen aufzustellen? Wie bereits an mehreren Stellen im vorliegenden Buch klar wird: Die Gestaltungsfrage ist eng an die Machtverhältnisse und den gesellschaftlichen Konsens gebunden, der eben sehr unterschiedlich sein kann (vgl. europäisches Sozialmodell vs. Modell der USA, nordisches Modell vs. liberales Modell).

Für mich war es nie nachvollziehbar, warum z. B. die Mittel für Straßenbau, Landwirtschafts- oder Unternehmensförderungen o. Ä. in Milliardenhöhe völlig außer Streit gestellt wurden, aber um jeden Euro im Sozialbereich ständig gerungen werden muss. Vielfach wurde auch „argumentiert", dass diese Förderungen durch das allgemeine Budget gedeckt wären, aber alle anderen notwendigen, sozialen Ausbaupläne über Neuverschuldung zu finanzieren wären und das passe leider nicht zur selbstverordneten Budgetdisziplin. Daher wurden z. B. Bildungs- oder Präventionsprogramme in vielen Bereichen nicht umgesetzt – mit den bekannten Folgen (für Details vgl. Buchstabe N). Oder diese Maßnahmen wurden unter einen künstlichen „Gegenfinanzierungsvorbehalt" gestellt, d. h., entweder wurden neue Einnahmequellen erschlossen oder Einsparungsbeträge andernorts in der Höhe der neuen Ausgaben realisiert, um die nötigen Mittel „freizuschaufeln". Gleichzeitig wurde zynischerweise die Gegenfinanzierung ziemlich unmöglich gemacht, weil das Ziel der „Senkung der Abgabenquote" proklamiert wurde.

Kurz gesagt: Sozialer Fortschritt wurde einfach für unmöglich erklärt, weil die „letzten" Euros der Staatseinnahmen nicht ausreichen würden bzw. keine „neuen" Schulden gemacht werden durften oder auch Einschnitte in den Sozialstaat an anderer Stelle nicht angemessen wären.

Eine Frage drängt sich hier unmittelbar auf: Gibt es tatsächlich eine gut argumentierbare Gewichtung für Staatsausgaben nach Verfügbarkeit von Mitteln? Gibt es einen Grund, der dagegenspricht, sinnvolle Investitionen über Neuverschuldung zu finanzieren, da sie sich ohnedies mittel- und langfristig „rechnen"? Faktisch natürlich nicht – in den Köpfen des neoliberalen und neokonservativen Mainstreams hingegen schon.

Ich möchte an dieser Stelle mit einer „Anekdote" bzw. einer – sagen wir ungeplant unangenehmen – Erfahrung die Argumente gegen sinnvolle Sozialprojekte sichtbar machen. Vor rund zehn Jahren hatte ich, wie bereits kurz erwähnt, die Gelegenheit, mich im Rahmen eines Forschungsaufenthalts bei Eurofound (Dublin, Irland) mit anderen Forscher:innen auszutauschen und eigene Arbeiten dort zu diskutieren.

Die Kolleg:innen „meiner" Abteilung hatten z. B. erhoben, wie „teuer" es für die Europäische Union war, Jugendlichen keine Perspektiven zu bieten und sie u. a. ohne Ausbildung oder Arbeit ihrem Schicksal zu überlassen. Die Kosten wurden – statisch bewertet – damals mit 153 Milliarden Euro für das Jahr 2011 beziffert, ein Wert, der ca. 1,2 Prozent der EU-Wirtschaftsleistung entsprach. Angesichts der hohen Jugendarbeitslosigkeit im Gefolge der Finanz- und Wirtschaftskrise in Europa und der enormen Dimension an individuellen und gesellschaftlichen „Kosten" hatten diese Forschungsarbeiten eine hohe politische Aufmerksamkeit.[75] Die Kolleg:innen bei Eurofound verwendeten ähnliche Rechenmodelle wie wir in der AK, wo wir ebenfalls in verschiedenen Bereichen die Kosten des Nicht-Handelns empirisch gut untermauert hatten – von fehlender Kinderbetreuung bis zu fehlenden Rehabilitationsmaßnahmen.

Entsprechend optimistisch war ich, dass ich mich durch den Austausch vor Ort methodisch verbessern könnte und grundsätzlich mit meinen/unseren Gedanken gut in Debatten anschlussfähig wäre. Dass Letzteres nur partiell gegeben war, musste ich hart lernen. Denn ich war nicht adäquat auf lupenrein theoretische, neoliberale Gegenthesen und kritische „Argumente" aus anderen „Abteilungen" vorbereitet. Meine für mich bis dahin gut abgesichert geglaubten Argumente und Ergebnisse wurden nämlich nicht nur nicht anerkannt, zum Teil wurden sie auch einer gewissen Lächerlichkeit preisgegeben.

Wie konnte das sein bzw. überhaupt gelingen? Hatte ich bzw. hatten wir doch nach bestem Wissen und unter Einbeziehung vieler Expert:innen unsere Berechnungen angestellt und veröffentlicht. Ich stellte also unsere Berechnungen und Szenarien zum Ausbau der Kinderbetreuung in Österreich in einer aufwändigen Präsentation vor. Die Kalkulationen umfassten Kosten, Beschäftigungseffekte, Rückflüsse und schließlich die mittelfristigen Erträge, die die Kosten zum Teil bei Weitem übertrafen. Die sprachlichen Schwierigkeiten konnte ich auch dank akribischer Vorbereitung für die Präsentation überwinden, auf die methodischen Fragen zu den Annahmen bei den Berechnungen war ich ebenfalls gut vorbereitet, aber auf eines nicht: das sogenannte Ricardianische Äquivalenztheorem, ein neoliberales Gedankenkonstrukt, das ich in seiner „theoretischen Reinheit" bis dahin in Debatten noch nie gegen mich eingesetzt sah.

Welche Denkweise steckt hinter dem Konzept und wie wurde es gegen meine/unsere Arbeiten vorgebracht? Nachdem ich meine Präsentation beendet hatte, wurde mir folgende – auf den ersten Blick unverfängliche – Frage gestellt: „Du bist doch auch Keynesianer?" Ich: „Ja, bin ich." Der Fragende setzte ziemlich forsch und meine Arbeiten desavouierend fort: „Dann musst du ja zugeben, dass das nicht funktionieren kann. Die Menschen wissen ja, dass sie die Schulden, die man für deine Ideen aufnehmen muss, irgendwann zurückzahlen müssen und sie werden dann sofort weniger konsumieren und zu sparen beginnen, weil sie Steuererhöhungen erwarten. Damit steht die Wirtschaft heute doch schlechter da."

Diese Argumente zeigten Wirkung, allerdings weniger bei mir als beim Publikum. Ich war nur zu diesem Zeitpunkt sicher nicht spontan bzw. eloquent genug, seine vorgebrachte – in der Realität unbelegte! – Wirkungskette adäquat zu entkräften. Das betrifft etwa die Idee der „rationalen Erwartungen", also dass Menschen centgenau wüssten, was in der Gegenwart von ihnen konsumeinschränkend zu sparen wäre, weil sie vollkommen vorhersehen (!?), welche Steuerreform wann und wie wirksam wird. Das ist und bleibt logischerweise ein reines Gedankenexperiment. Bei dieser Gelegenheit merkte ich wieder einmal, wie „eng" manche Ökonom:innen das Gestaltungsfenster sehen. Gerade durch den Ausbau der sozialen Infrastruktur würden eigentlich mehr Wirtschaftswachstum und damit mehr Verteilungsspielräume durch Investitionen und steigende Beschäftigung entstehen. An diesem Tag ging ich vermutlich, auch aufgrund sprachlicher Limits und aufgrund der dominanten Prägung im sozialstaatskritischen Irland, nicht sehr überzeugend von der Bühne. Aber: Ich habe für viele folgende Debatten profitiert, weil ich nun ein theoretisches Argument mehr kannte, das eingesetzt wird, um den Ausbau des Sozialstaats zu verhindern.

Dass diese Gegenstimme gegen meinen Zugang zum Glück nur eine Stimme unter vielen war, war am Ende des Tages doch eine Genugtuung. Das AK-Grundmodell zur Berechnung von „Nettokosten" von bzw. von Rückflüssen aus Investitionen sowie einige Ergebnisse anderer Berechnungen wurden schließlich doch ein paar Monate später in einer Eurofound-Studie abgedruckt.[76] In Fortsetzung des Kapitelstarts würde ich diese Erfahrung heute so resümieren: Ende gut, alles gut. Ganz im Sinne der Rolling Stones:

„You can't always get what you want
But if you try sometime you'll find
You get what you need!"[77]

FAZIT

In der Wirtschaftstheorie gibt es unterschiedliche Zugänge und Denkschulen. Die neoliberalen, (sozial)staatskritischen Theorien werden immer – oft nur theoretische – Argumente gegen eine Verbesserung des Sozialstaats finden. Andere hingegen unterstützen den sozialen Fortschritt. Letztere sind leider nicht der Mainstream, der an Schulen, Universitäten, Fachhochschulen oder anderen Bildungseinrichtungen dominant gelehrt wird.

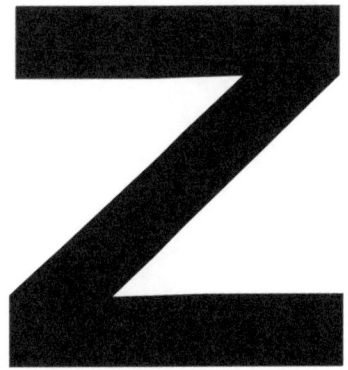

Z

... ZUSAMMENHALT WAR GESTERN!

Wer sich am Begriff der Eigenverantwortung wie ich kritisch abarbeitet, entdeckt bald die Grenzen der Wirksamkeit dieses – abhängig von der Themenkonjunktur – individualisierten Zugangs der „Problembewältigung". Im Pandemie-„Management" spielte der Begriff etwa eine wichtige Rolle, war aber gleichzeitig eine ziemlich stumpfe Waffe im Kampf gegen das Virus, da die Menschen systematisch unterschiedlichen Fehleinschätzungen aufsaßen. Zu diesem Schluss kommt beispielsweise auch der deutsche Psychologe Thomas Martens, der neben zu optimistischer individueller Risikobewertung im Sinne von „wird schon nichts passieren bei der Familienfeier" auch Limits der politischen oder wissenschaftlichen Kommunikation als Begründung für das Nicht-Funktionieren der oft gepriesenen Eigenverantwortung nennt.[78]

Ich denke, dieselben systematischen Fehleinschätzungen zu Armuts- oder Abstiegsrisiken in der Gesellschaft gibt es auch im allgemeinen Sozialstaatsdiskurs. Letztendlich sind wir alle „verwundbarer", als wir wahrscheinlich wahrhaben wollen. Bereits vor der großen Teuerungswelle in Österreich war es um die finanzielle Situation der Haushalte hierzulande nicht gut bestellt. Bereits im Dezember 2021 gab ein Drittel der Haushalte an, weniger Einkommen zur Verfügung zu haben als zu Beginn 2021.[79] Über 800.000 Menschen hatten Schwierigkeiten, die laufenden Ausgaben zu decken. Knapp 30 Prozent gaben zudem an, dass sie bei ungeplanten Ausgaben in der Höhe von 1.300 Euro finanziell ins Strudeln kämen. Das sollte uns zeigen, dass das Auf-sich-allein-gestellt-

Sein vielleicht keine nachhaltige Variante für viele Lebensbereiche bzw. für die Vielen allgemein ist.

Die „individuelle Risikoabsicherung" in vielen Bereichen – von Gesundheit bis zur Alterssicherung – mag für manche Politiker:innen sowie die Versicherungswirtschaft und die Finanzindustrie verlockend wirken, da sie natürlich für den „Staat" vorerst billiger ist und neue Geschäftsfelder bringt. Die Menschen müssen sich demnach selbst um viel mehr kümmern: eine private Krankenversicherung hier, eine private Pensionsvorsorge dort, ein „Familien-Paket" irgendwo noch obendrauf. Wie sich das finanziell ausgehen soll, welche Leistungsniveaus angesichts der Kapitalmarktrisiken dabei am Ende des Tages rauskommen und der Umstand, dass dadurch die Verteilungsschieflagen noch weiter befeuert werden, wird gerne in Debatten weggelassen. Warum wohl?

Der Mär von den Vorteilen der Individualisierung sitzen aber nicht nur Politiker:innen in Staaten mit einem „liberalen" Sozialstaatsverständnis auf. Auch z. B. in Deutschland hat man zu Beginn der 2000er-Jahre unter Rot-Grün fatalerweise auf diesen Weg gesetzt.[80] Die Folgen sieht man heute deutlich: eine verheerende Alterssicherung, obwohl länger gearbeitet werden muss, eine schlechtere öffentliche Infrastruktur als in Österreich und deutlich höhere Kosten z. B. für das Wohnen – um nur einige Punkte anzuführen. In Österreich erlebt die Eigenverantwortung heute dennoch ein Revival.

Gibt es eine gute Alternative zur Eigenverantwortung? Das mir sympathischere „Gegenüber" der Eigenverantwortung ist die Solidarität – gesamtgesellschaftlich gesehen und natürlich innerhalb der Systeme der sozialen Absicherung. Der Solidarität möchte ich mich in Teil 2 des Buches insgesamt intensiver widmen, weil sie für mich der zentrale Schlüssel für den Erfolg einer Gesellschaft ist.

FAZIT Eigenverantwortung als Mittel der „Problemlösung" ist weder adäquat noch realistisch. Strukturelle und gesellschaftliche Probleme lassen sich nur gemeinschaftlich lösen.

SOLIDARITÄT

TEIL 2: SOLIDARITÄT ALS INTEGRALER BESTANDTEIL VON LÖSUNGEN

Im ersten Teil des Buches habe ich mit ausgewählten, gesellschaftlichen Debatten – entlang der 26 Buchstaben des Alphabets – die Kontur und Tiefe unterschiedlicher Angriffe auf den sozialen Zusammenhalt und den Sozialstaat skizziert.

Es wäre natürlich zu resignativ und viel zu defensiv, sich nun – die schwierigen ökonomischen und gesellschaftlichen Machtverhältnisse besser kennend – zurückzuziehen und in Debatten noch mehr in Deckung zu gehen. Ja, wir kennen nun alle ein paar Giftpfeile aus dem neoliberalen Köcher mehr, und jetzt braucht es vor allem eines: Solidarität! Solidarität nicht nur mit Gruppen, die es schwer haben in unserer Gesellschaft, sondern Solidarität mit den Vielen. Auch Solidarität mit Institutionen, die den sozialen Zusammenhalt zu sichern versuchen, ist mehr denn je gefragt: von Gewerkschaften über das Parlament bis zur Justiz.

Solidarität ist für mich aber keine Frage von ja oder nein bzw. von 0 oder 1, wie beim Programmieren. Wir werden sehen: Auch die Solidarität kann viele Ausprägungen haben. Was Solidarität aber immer haben soll, ist eine Vision der Hoffnung und Perspektive. Sie soll uns verlässlich vermitteln, dass wir im Zweifel nicht allein auf uns gestellt sind, sondern dass wir gemeinsam die Welt für viele schrittweise besser machen können und wollen.

Im Folgenden nutze ich daher wieder die einzelnen Buchstaben des Wortes „Solidarität" für die Ableitung von fortschrittlichen Perspektiven für die Weiterentwicklung des Sozialstaats in Österreich.

... SOLIDARITÄT

Ich bin mir bewusst, dass die folgende Frage vielleicht etwas überraschend kommt, nämlich: Wie hoch ist eigentlich die Wahrscheinlichkeit, im Freundeskreis Milliardär:innen zu haben? Für die meisten von uns ist das wohl weder Realität noch ein wirklich lohnendes Ziel im Leben.

Wie wahrscheinlich ist es hingegen, Menschen im eigenen Umfeld zu haben, die materiell nicht gut über die Runden kommen, die auf einen Facharzttermin warten müssen, die hoffen, dass ihre Kinder einen guten Ausbildungsplatz finden? Oder wie viele kennen wir, die sich beruflich verändern wollen, weil sie es an ihrem Arbeitsplatz einfach nicht mehr „aushalten" oder ihre Fähigkeiten nicht ausreichend erkannt oder anerkannt werden? Bei wie vielen verhindern der magere Kontostand oder das geringe Sparguthaben die Verwirklichung eigener Lebensziele?

Ich denke, für die Vielen ist das harte Leben näher als ein elitäres Dolce Vita. Trotzdem habe ich den Eindruck, dass reich sein und reich werden Wunschträume sind, die zum Teil sehr eigenartige Allianzen ermöglichen und Solidaritätsbänder brüchig werden lassen. An einer anderen Stelle im Buch bin ich schon auf den sicher unbewussten „Selbstbetrug der Mittelschicht" eingegangen, der mitunter dazu führt, dass sich „falsche" Allianzen bilden und die Gesellschaft sehr breit und sehr stark v. a. auf die materiell Schwächsten eindrischt.

Halten wir uns nochmals die Schieflagen vor Augen: Die einen haben in vielen Lebensbereichen Vorteile und Privilegien, die anderen schaffen es kaum, den Kindern eine adäquate Schuljause mitzugeben, und sie haben berechtigte (!) Zukunftsängste. Das reichste Prozent besitzt fast 40 Prozent des gesamten Nettovermögens, die obersten fünf Prozent besitzen sogar 55 Prozent des gesamten Nettovermögens. Und diese Vermögen sind in der Pandemie zum Teil ordentlich gestiegen. Auf der anderen Seite werden die Schlangen vor den Sozialmärkten länger. Diese Polarität in der Gesellschaft sollte uns nachdenklich machen.

Wenn dann Journalist:innen vom „Vollkaskostaat" sprechen, ist das an Zynismus wohl schwer zu übertreffen.[81] „Vollkasko" – das gilt meiner Meinung nach ausschließlich für die oberen zehn Prozent. 90 Prozent der Gesellschaft, also die Vielen, sind hingegen verwundbar! Ja, das schließt auch die 40 Prozent über der Mitte ein, die sich meiner Meinung nach viel zu „sicher" in ihrer Position fühlen und sich zum Teil sehr unsolidarisch von Menschen mit weniger materiellen Möglichkeiten abzugrenzen versuchen.

Dass es verschiedene Konzepte und Zugänge zur Solidarität gibt, ist offensichtlich. Die neoliberale Spaltungsrhetorik hat leider eines erfolgreich geschafft: Sie hat den „Solidaritätsraum" bewusst verengt und sie nutzt die multiplen Krisen und die damit verbundenen „knapper" werdenden Budgetspielräume für eine weitere Zuspitzung.

Bei der strukturierten Annäherung an den Begriff der Solidarität habe ich den Beitrag zu „umkämpften Solidaritäten" im von der Armutskonferenz herausgegebenen Sammelband „Stimmen gegen Armut" sehr hilfreich gefunden. Darin werden sieben verschiedene Typen oder Ausprägungen von Solidarität beschrieben, die ein breites Spektrum an Empathie, aber auch Ausschluss aus der Gemeinschaft beschreiben.[82] Entstanden ist diese Einordnung im Rahmen eines Forschungsprojekts zu Haltungen zum Sozialstaat und flüchtenden Menschen.

Ich empfinde das Aufzeigen dieser „Varianten" oder „Haltungen" als sehr hilfreich und merke dabei, dass ich heute eher ein „Mischtyp" aus den Varianten 1 und 2 bin und vielleicht früher in Debatten sogar eine andere Position eingenommen habe.

Eine Typologie der Solidaritätsorientierungen und Solidaritätsdimensionen

Solidaritätsorientierung	Soziales Profil	Zugehörigkeit	Reichweite	Bedingungen	Gerechtigkeitsprinzip	Aktivität
Politisch	Urbane Gebildete in prekärer Erwerbsarbeit	Weltgesellschaft	Bedürftige (alle)	Keine	Gleichheitsprinzip	Zivilgesellschaftliches und gesellschaftspolitisches Engagement
Altruistisch	Urbane Privilegierte	Weltgesellschaft	Bedürftige (alle)	Keine	Bedarfsprinzip	Zivilgesellschaftliches und karitatives Engagement
Ermöglichend leistungsorientiert	Rurale und kleinstädtische gehobene Dienstleistungsklasse und Unternehmertum	Erwerbstätige Bevölkerung	Bedürftige Leistungsbereite (alle)	Leistungswille, Bereitschaft zur Erwerbsarbeit	Bedarfs- und Leistungsprinzip ("Fördern und Fordern")	Zivilgesellschaftliches und karitatives Engagement
Beitragsorientiert	Rurales Handwerks- und Arbeiter:innenmilieu	Erwerbstätige Bevölkerung	Bedürftige Leistungsbereite (alle)	Leistungswille, Bereitschaft zur Erwerbsarbeit	Leistungsprinzip	Keine
Moralisierend autoritär	Rurales und kleinstädtisches Kleinbürgertum	Erwerbstätige Bevölkerung	Stark bedürftige Leistungs- und Anpassungsbereite (alle)	moralisch richtige Lebensführung und Leistungswille	Bedarfs- und Leistungsprinzip	Keine
National ausgrenzend	Rurales Handwerksmilieu; kleinstädtische Dienstleistungsklasse	Erwerbstätige Bevölkerung, nationales Kollektiv	Bedürftige Leistungsbereite (national)	Leistungswille, Bereitschaft zur Erwerbsarbeit	Status- und (nationales) Bedarfsprinzip	Keine
Ethnonational ausgrenzend	Kleinstädtisches Kleinbürgertum	Ethnonationales Kollektiv	Bedürftige Leistungsbereite (ethnisch-national)	Ethnische Herkunft, moralisch richtige Lebensführung und Leistungswille	Statusprinzip	Fallweise parteipolitisches Engagement

Quelle: Altreiter, C. et al. (2022), Solidaritätsorientierungen und soziale Positionen. Klassenhabituelle Haltungen zu Sozialstaat und Geflüchteten in Österreich, Berliner Journal für Soziologie, S. 330, adaptierte und gekürzte Fassung.

Heute plädiere ich also klar für einen umfassenderen Zugang zur Solidarität, der viele Gruppen in der unteren Einkommenshälfte besonders ernsthaft mitdenkt! Die gute Nachricht ist für mich: Wir können für uns jeden Tag neu klären, welches Maß an Solidarität gut passt. Je mehr Menschen sich zu einem umfassenden Zugang zur Solidarität bekennen, umso leichter können wir gemeinsam für soziale Verbesserungen einstehen – unter anderem in der Arbeitswelt, bei der sozialen Absicherung und im Zusammenleben im Alltag.

 **FAZIT** Solidarität ist der Kitt für die Gesellschaft. Mit ihr kann man die zunehmend brüchigeren Formen des gesellschaftlichen Miteinanders wieder ins Lot bringen.

... OFFEN SCHIEF-LAGEN ANSPRECHEN ≠ NEID!

Thematisiert man in Österreich – selbst ohne Emotionen und mit ausreichend empirischen Belegen – die bestehenden Schieflagen, kommt ganz oft der Einwand: „Das ist doch eine Neiddebatte!" Ich sehe das komplett anders, denn diese Debatten treffen die Gesellschaft mitten ins Mark und es tut eigentlich immer weh, wenn Reichtum und Armut so „knapp" nebeneinander existieren, aber doch in sehr unterschiedlichen Sphären gelebt wird.

Das Sichtbarmachen der „Unterschiede" ist dann kein Schüren von Neid, sondern das Bewusstmachen von Strukturen, Machtverhältnissen und Risiken. Ist es nicht gerade für ein reiches und entwickeltes Land wie Österreich beschämend, dass manche Teile der Gesellschaft über Generationen hinweg – vielleicht sogar in voller Absicht – „abgehängt" und „kleingehalten" wurden und werden? Wenn Menschen, die Hilfe brauchen, auch noch als „sozial schwach" abgestempelt werden, dann ist das ein weiterer Schlag in die gesellschaftliche Magengrube. Ich finde es wichtig, es klar zu benennen: Wenn wir den Sozialstaat besonders „brauchen", dann sind wir eben nicht, wie despektierlich behauptet, „sozial schwach". Wir sind vielleicht materiell nicht so unabhängig wie die oberen fünf bis zehn Prozent. Sozial schwach und unsolidarisch sind für mich übrigens eher die Vermögensverschieber:innen und Vermögensverstecker:innen, die den Staat um ihren solidarischen Finanzierungsbeitrag prellen.

Mit der Teuerungsdebatte, der sich eigentlich niemand wirklich entziehen kann, merkt man, dass finanzielle Schwierigkeiten und materielle Notlagen bis weit in die Mitte der Gesellschaft vordringen. Da wir in Österreich aber oft eine „Vogel-Strauß-Perspektive" einnehmen, bin ich überzeugt, dass es viel mehr Menschen und Familien schlechter geht, als sie sich eingestehen wollen oder wir aus offiziellen Statistiken ableiten können.

Wer kann aber die Probleme sichtbar machen? Das Zudecken, das Schönreden, ein Durchschnittswert in einer Statistik? Nein. Ich finde es gut, wenn neben Universitäten und Forschungsinstituten auch die AK – sowohl mit Studien als auch mit konkreten Erfahrungen aus der Individualberatung – die tausendfachen Dramen in der Gesellschaft an die Oberfläche bringt. Außerdem ist es meiner Meinung nach gut, wenn NGOs wie Caritas und Volkshilfe oder die Armutskonferenz laut aufschreien, dass sie beim Helfen selbst mehr Unterstützung brauchen, weil immer mehr Menschen Hilfe bei ihnen suchen.

Besonders wichtig und mutig finde ich aber, dass Armutsbetroffene selbst eine starke Stimme bekommen und neben ihrer Lebenssituation auch die Mängel und Unzulänglichkeiten im „System" sichtbar machen: vom schlechten Zugang zu Leistungen, der Nichtverfügbarkeit von adäquaten, ganztägigen Kinderbetreuungsangeboten bis zum mitunter demütigenden Umgang mit Menschen, die es ohnedies schwer haben. Empathie und Servicewille sind in der breiten Wahrnehmung bei Sozialbehörden auch nicht gerade das A und O. Es ist extrem stark, wenn Daniela Brodesser, die bekannte Twitter-Größe zu Armutsthemen in Österreich, mittlerweile in Vorträgen oder bei anderen Gelegenheiten ihren eigenen Weg in die Armut, das Erleben der Armut und nun zum Glück auch wieder den Weg aus der Armut authentisch beschreibt. Damit gibt sie unglaublich viel von sich und ihrer Familie preis – und das trotz unzähliger Demütigungen und Erniedrigungen, mit denen sie zu kämpfen hatte. Sie bleibt eine starke Stimme für Armutsbetroffene und zeigt auf, welche Diskurse und Abwertungen Menschen in Notlagen besonders wehtun oder welche Rahmenbedingungen den Weg aus der Armut erschweren. Dass diese starke Frau unter dem Namen „Frau Sonnenschein" mit rund 19.000 Follower:innen via Twitter viel Unangenehmes in der Gesellschaft anspricht, ist eine Bereicherung für die Debatte und ein Anstoß mehr, den Sozialstaat zu verbessern. Ein ähnliches Sichtbarmachen von Notlagen und Mängeln in der sozialen Absicherung gibt es aktuell auch in Deutschland unter dem Hashtag #ichbinarmutsbetroffen.

Keine Regierung kann sich mit dem Status quo des Sozialstaats zufriedengeben, denn die Beratungserfahrungen z. B. in der AK oder bei NGOs sind zum Teil menschlich sehr tragisch. Die Verzweiflung ist dabei vielen Menschen sichtlich ins Gesicht geschrieben und plötzlich wird Wolfgang Ambros' Austropop-Zeile „Gezeichnet fürs Leben" mit Blut und Leben erfüllt. Ja, diese Menschen haben alle einen Namen, leben und wohnen neben uns mit ihren Sorgen.

Zwei Beispiele möchte ich an dieser Stelle herausgreifen, die exemplarisch die Härten des Lebens zeigen. In der Sozialrechtsberatung kommt es nicht selten vor, dass körperlich und seelisch geschundene Arbeiter:innen weinend mit einem Ordner an medizinischen Befunden dasitzen und resignieren: „Mich braucht keiner mehr. Für die Pension bin ich zu gesund, für den Arbeitsmarkt bin ich zu krank." Wie bitter ist es, ihm oder ihr – durch den massiv eingeschränkten Zugang zu Invaliditäts- bzw. Berufsunfähigkeitspensionen – keine wirkliche, realistische Perspektive anbieten zu können. Aktuelle Kürzungen beim AMS-Budget und zu wenige Angebote zur Rehabilitation lassen alle Beteiligten resignieren. Und dies vor dem Hintergrund ihrer oft unglaublichen Lebensleistung mit harter Arbeit, z. B. am Bau oder in der Pflege, die wir neben den Mappen voller schlechter Befunde zu ihrem Gesundheitszustand in jedem langen Auszug der Sozialversicherungsdaten dokumentiert sehen. Ähnlich traurig ist es, wenn eine ältere Mindestpensionistin finanzielle Hilfe sucht, weil alles teurer wird und sie gerade vor der Entscheidung steht, selbst noch weniger zu essen oder die geliebte Katze wegzugeben.

Das Leben ist für viele also noch härter geworden, und trotzdem gibt es Aussagen wie „Selber schuld, hättest du doch ..." oder Ähnliches. Dieses unempathische, anklagende „Individualisieren" der Misere ist der Gesellschaft in vielen Fällen leider noch immer näher, als auch zu hinterfragen, was im Sozialstaat alles fehlt oder schiefgeht.

Logisch, dass wir deshalb in der AK – auch weil es unser gesetzlicher Auftrag ist – nicht wegschauen und den Finger in die offenen Wunden des Systems legen. Wir haben die „Fälle", wir kennen die Lebensrealitäten und wir versuchen im Rahmen unserer Initiative „#SoMussSozialstaat" die dringlichen Verbesserungen anzusprechen und machbare Visionen für den „besten Sozialstaat der Welt" aufzuzeigen.[83]

FAZIT Wegschauen ist feig! Hinschauen tut zwar weh, macht aber hoffentlich den Weg frei für notwendige Verbesserungen und Neuerungen.

L
... LUXUS UND REICH-TUM BESTEUERN

Es sind – wie bereits kurz beschrieben – oft international agierende Unternehmen und Vermögende, die durch Steuerhinterziehung und Steuervermeidung jenen Staat, dessen Infrastruktur und Förderungen sie gerne nützen, in seiner Finanzierungsgrundlage unsolidarisch aushöhlen.

Die EU-Kommission schätzt regelmäßig, dass den europäischen Staaten durch die Tricksereien multinationaler Unternehmen und reicher Privatpersonen jährlich hunderte Milliarden Euro an Steuergeld entgehen – im Jahr 2012 sollen es sogar 1.000 Milliarden gewesen sein. Während Sozialbetrug in den öffentlichen Debatten oft einen prominenteren Stellenwert einnimmt, verursachen Steuerhinterzieher:innen und durch Steuersümpfe ermöglichte Vermeidungsstrategien den wesentlich größeren Schaden. Auch die aktuellen Taskforces in den Ministerien zum Thema Sozialbetrug kommen zu einem ähnlichen Bild: Die Unterstellung des breiten Sozialmissbrauchs ist und bleibt falsch![84] Die Mindereinnahmen in Milliardenhöhe durch „Steueroptimierung" wiegen deutlich schwerer. Darüber wird gerne geschwiegen.

Entsprechend stärker sollte in der Gesellschaft das Augenmerk auf der Einnahmenseite liegen. Es sind sich eigentliche alle – von OECD bis Finanzministerium – in der Analyse einig: Vermögensbezogene Steuern tragen nur wenig zur Finanzierung des Wohlfahrtsstaats bei. Das muss natürlich nicht so bleiben, auch wenn der Widerstand wohl stark bleibt. Der Finanzierungsbeitrag von Besserverdienenden und Vermögenden zum

Sozialstaat ist alles andere als ein Geschenk an ärmere Schichten, sondern schlicht ein machbarer, gebührender Anteil für die Bereitstellung von unterschiedlichen öffentlichen Leistungen, z. B. von Spitälern oder Schulen, für alle! Dies hat übrigens den vorteilhaften Nebeneffekt, dass unterschiedliche soziale Gruppen miteinander in Kontakt kommen und vollkommene Parallelgesellschaften der reichen Eliten verhindert werden können. Wenn die Millionenerbin Marlene Engelhorn für eine höhere Besteuerung eintritt und ankreidet, dass sie durch vererbtes Vermögen leistungslos reich wurde, aber aus ihrer Sicht zu wenig Steuern bezahlt, dann sollte man auch ihr zuhören, finde ich. Ist es nicht ein beachtliches Eingeständnis von strukturellen Schieflagen und Ungleichbehandlung?

Will man nun wieder Vermögen oder deren Übergang auf die nächste Generation „stärker" besteuern – je nach Modell gibt es ja bescheidene Steuersätze von 0,5 bis 1,5 Prozent bzw. mitunter auch hohe Freibeträge, daher ist das Wort „stark" wohl eher unpassend –, wird in Debatten gleich „die Mauer" gemacht. Die häufigsten Argumente sind dann: „Das Geld wurde ja schon mal versteuert.", „Das ist technisch schwierig.", „Kapital ist scheu wie ein Reh und bei Besteuerung weg.", „Wir haben doch alle was davon, wenn die Reichen ihr Geld in Österreich ausgeben.", „Das Vermögen steckt doch im Betrieb und ist unser Familiensilber.".

Ich mache es kurz: Es ist keine „technische" Frage, es ist eine politische Frage. So wären Vermögensregister rund um den Globus machbar – das „Einfrieren" von Vermögen russischer Eliten war überall möglich – und auch der Tarif und allfällige Freibeträge wären gestaltbar.[85] Für mich selbst hat das 1-2-3-4-Modell z. B. viel Charme: Die Bemessungsgrundlage wäre das Reinvermögen, Schulden wären also bereits gegengerechnet, bzw. das angegebene und plausibel dargestellte Nettovermögen in Erhebungen der Nationalbank. Ein Prozent Steuer fiele dann jährlich für Vermögen über eine Million Euro an, zwei Prozent ab zehn Millionen Euro, drei Prozent ab 100 Millionen Euro und vier Prozent ab einer Milliarde Euro. Beim Lesen wird offensichtlich: Es trifft uns alle wahrscheinlich nicht und wenn, dann tut es nicht weh! Das heißt aber nicht, dass es nichts bringt. Im Gegenteil: Durch die starke Konzentration und das Ausmaß der Vermögen kämen knapp neun Milliarden Euro jährlich mehr in die Staatskasse, die wir gut brauchen könnten. Die anderen Modelle bringen übrigens auch Milliardenbeträge!

Neben der bescheidenen Vermögenssteuer würde ich auch für eine ebenfalls moderate Erbschafts- und Schenkungssteuer eintreten, die am besten z. B. für den Pflegebereich zweckgebunden werden sollte. Dann bräuchte sich niemand mehr – auch nicht in den Familien – vor dem Altern zu fürchten, weil dann endlich der Ausbau der Pflegeinfrastruktur möglich wäre und wir nicht mehr über die verfügbaren Pflegeplätze, sondern nur mehr über die Qualität diskutieren würden.

Abseits von Gerechtigkeitsgründen möchte ich erneut ein weiter oben angeführtes Argument einbringen, das für einen größeren Finanzierungsbeitrag von reichen und vermögenden Menschen spricht: Die reichsten zehn Prozent der österreichischen Haushalte emittieren viermal so viel Treibhausgase wie die ärmsten zehn Prozent und verbrauchen überdurchschnittlich mehr Flächen, Energie und Ressourcen. Das sollte auch einen höheren „Preis" haben, oder?

Charity, wie sie oft in seichten US-Filmen als altruistisch verkauft wird, ist übrigens kein Ersatz für mehrstellige Eurosummen, die wir alle im Sozialstaat brauchen. Sie kann maximal eine Ergänzung sein!

 **FAZIT** Beim Vermögen gibt es keine Mittelschicht. Vermögenssteuern treffen nur Menschen bzw. institutionelle Eigentümer, die auch nach den vorliegenden Vorschlägen der Minimalbesteuerung noch immer vermögend wären.

... INTEGRATION MACHT JÜNGER UND BUNTER

Den Österreicher:innen kann man es als Nichtösterreicher:in nur schwer recht machen. Lernt man Dinge zu langsam oder falsch – von Sprache bis zu anderen Fertigkeiten –, dann tut man „zu wenig". Sind Nichtösterreicher:innen wieder viel „zu gut integriert", dann werden sie als Bedrohung und Konkurrent:innen am Arbeitsmarkt verkauft.

In Summe ist aus meiner Sicht folgender Befund zulässig: Die selbsternannte Aufnahmegesellschaft der Österreicher:innen wurde in den letzten Jahren und Jahrzehnten durch die Hetze der FPÖ und der ÖVP gegen Migrant:innen, flüchtende Menschen und Nichtösterreicher:innen allgemein immer verrohter. Viel zu oft wurde aus dem Kalkül der Stimmenmaximierung bei Wahlen heraus die Gruppe der „Fremden" zur Projektionsfläche von geschürten Ängsten. Eigentlich ziemlich erbärmlich für eine Gesellschaft, die sich oft so überlegen fühlt.

Österreich ist und bleibt ein Einwanderungsland. Diesen Umstand will man als Gesellschaft nicht so richtig akzeptieren und deshalb tun wir uns in allen Lebensbereichen anscheinend sehr schwer, die nötigen Schritte zu setzen.[86] Fakt ist: Ohne Zuwanderung würde Österreichs Bevölkerung bereits seit einiger Zeit schrumpfen, das Fachkräfteangebot wäre nicht ausreichend gesichert, die demografischen Verschiebungen innerhalb der Erwerbsbevölkerung wären noch stärker ausgeprägt und wir hätten viele tolle Menschen weniger im Land. Kumuliert hätte das entsprechend nachteilige Effekte für zentrale volkswirtschaftliche Kerngrößen – von Produktivitätsentwicklung bis

Wirtschaftswachstum. Auch die finanzielle Situation der Sozialversicherung wäre eine andere, nämlich eine schlechtere als heute. Kurzum: Statt Dankbarkeit für die im Durchschnitt jüngeren Talente und deren Bereitschaft, viele systemrelevante Berufe unter oft schwierigen Bedingungen auszuüben, schaffen wir eine Polarisierung der Debatte und Ausgrenzung.

Ich kann mich noch ganz genau an die Sozialpartnergespräche im Jahr 2016 erinnern. Damals gab es einen überraschend breiten, offenen Schulterschluss, der für mich „historisch" war. So heißt es beispielsweise im Sozialpartnerpapier: „Insgesamt ist von entscheidender Bedeutung, dass MigrantInnen umfassend am österreichischen Erwerbsleben und an der Gesellschaft teilhaben können. Voraussetzung dafür ist, dass die Kapazitäten und deren künftige Weiterentwicklung in wesentlichen Bereichen wie Arbeitsmarkt, Bildung, Wohnbau und medizinische Versorgung mitbeachtet werden. Die Politik muss die Menschen dabei mitnehmen, um möglichen Abstiegs- und Verdrängungsängsten entgegenzuwirken. Darüber hinaus ist es für das Gelingen von Integration entscheidend, dass alle Gruppen lernen, miteinander zu leben." Wenn ich das lese, sehne ich mir stundenlange, zum Teil wirklich mühsame Sozialpartnersitzungen und „Textverhandlungen", die solchen Deklarationen und Einigungen meistens vorausgehen, wieder herbei.

Unter Schwarz-Blau wurde der beschriebene, sehr konstruktive Pfad in der Debatte jedenfalls absichtlich verlassen. Eine Sündenbock-Politik zulasten von Menschen mit Migrationsbiografie oder Fluchthintergrund hat alle positiven Ansätze von Integrationspolitik oder Ansätze einer „Willkommenskultur" nachhaltig zersetzt. Ganz unverhohlen ausgerufener Wohlfahrtschauvinismus – im Sinne von „mehr für unsere Leute" – scheint die neue Leitschnur zu sein, die Stimmen bei Wahlen bringt. Dass die Gesellschaft an Zusammenhalt und Vielfalt verliert, wird schlichtweg in Kauf genommen. Da stört es anscheinend auch nur wenige, dass ein wesentlicher Teil der Gesellschaft, nämlich rund 1,6 Millionen Menschen oder rund 18 Prozent der österreichischen Wohnbevölkerung, systematisch aufgrund einer nicht österreichischen Staatsbürgerschaft von Mitbestimmungsrechten und Wahlen ausgeschlossen ist.[87]

Die Wahl, bei der die Herkunft egal ist, ist die AK-Wahl. Alle unselbstständig Beschäftigten dürfen wählen – wie man sieht, alles andere als eine Selbstverständlichkeit.

FAZIT

Die Gesellschaft verliert an Vielfalt und Zusammenhalt, wenn sie Menschen mit Migrationsbiografie und deren Familien systematisch ausgrenzt.

... DANKBARKEIT GEGEN-ÜBER DEN SYSTEM-ERHALTER:INNEN

Dass uns die sogenannten Systemerhalter:innen – Beschäftigte bei der Müllabfuhr, im Handel, im Gesundheits- oder Pflegebereich u. v. m – besonders in der Pandemie wertvolle Dienste erwiesen haben, wurde eine Zeit lang mit dem 18-Uhr-Klatschen honoriert. Leider hat sich seither monetär oder im Bereich der „Anerkennung" dieser Leistungen wenig zum Positiven gewendet.

Im Gegenteil: In den ÖVP-Chats kam eine „Müllfrau" in einem abwertenden Kontext vor und auch die Gewerkschaft GPA schickt – aus Gründen – regelmäßig vor den Einkaufswochenenden sensibilisierende Nachrichten aus, dass mehr Achtsamkeit und Respekt gegenüber den Angestellten im Handel seitens der Kund:innen wohl das Mindeste an Wertschätzung und Benehmen ist. Klingt nach ziemlich verrückten Zeiten, wenn man solche Appelle für den Alltag braucht – oder ist das doch die neue „Normalität"? Letzteres hoffe ich nicht.

Nach mittlerweile drei Jahren Pandemieerfahrung ist es auch kein Wunder, dass viele Beschäftigte dem Gesundheits- und Pflegebereich den Rücken kehren. Sie arbeiten auf „Anschlag" und haben oft keine Planungssicherheit betreffend ihren Einsatz, weil immer wieder Kolleg:innen selbst gesundheitlich ausfallen und die verbliebene Belegschaft noch mehr schultern muss. Reservekapazitäten sind im Zuge des „New Public Managements" – oft nur ein modernes Wording für zu knappe Budgets und Personalabbau im öffentlichen Sektor – eher nicht vorgesehen und auch der Druck von privaten, transnationalen Investoren im Bereich der kritischen (sozialen) Infrastruktur auf die Belegschaft nimmt unmenschliche Formen an. Das wirkt sich letztendlich auf beide Seiten aus, die Beschäftigten und die Menschen, die auf deren Versorgungsleistung angewiesen sind.[88]

Die Held:innen der Alltagsökonomie verlangen ja im Grunde nicht zu viel. Abseits von besseren Einkommen und Arbeitsbedingungen ist es oft nur ein „Danke" oder ein Lächeln, das den Unterschied im Alltag ausmachen kann.

 **FAZIT** Während in der Finanz- und Wirtschaftskrise v. a. Banken und Finanzinstitutionen als „systemrelevant" bezeichnet wurden, sind es heute die „Held:innen im Alltag". Das ist gut so!

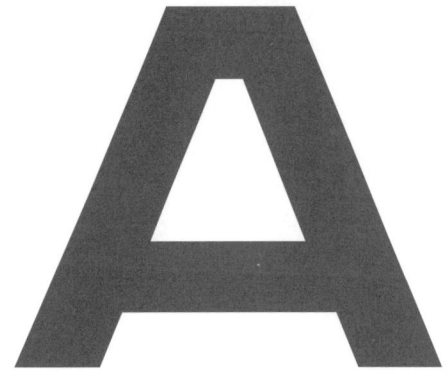

A

… AUF DEN ARBEITS- MARKT KOMMT ES AN!

Bei Arbeitsmarktanalysen sind eklatante Schieflagen deutlich feststellbar: Die einen arbeiten viel zu viel, die anderen schaffen es nicht oder nicht adäquat, am Arbeitsmarkt unterzukommen. Die ungesunde Überbeanspruchung und das Heben ungenutzter Potenziale könnten aber durch eine gezielte Umverteilung der bezahlten und unbezahlten Arbeit wieder besser in Balance gebracht werden.

Die hohe Belastung und der steigende Arbeitsdruck sind gut belegbar: Nur sechs bis sieben von zehn Arbeitnehmer:innen können sich vorstellen, im aktuellen Beruf bis zum Pensionsalter durchzuhalten.[89] Außerdem gibt es klare Hinweise, dass sich insbesondere mit der Ausweitung der Höchstarbeitszeiten 2018 – Stichwort „12-Stunden-Tag/60-Stunden-Woche" – die Arbeitsbedingungen stark verschlechtert haben. Die Entwicklung des Arbeitsklima Index zeichnet ein klares, erschreckendes Bild:[90]

Das Arbeitsklima hat sich in den letzten Jahren drastisch verschlechtert
(Basiswert Arbeitsklima Index: 1997 = 100)

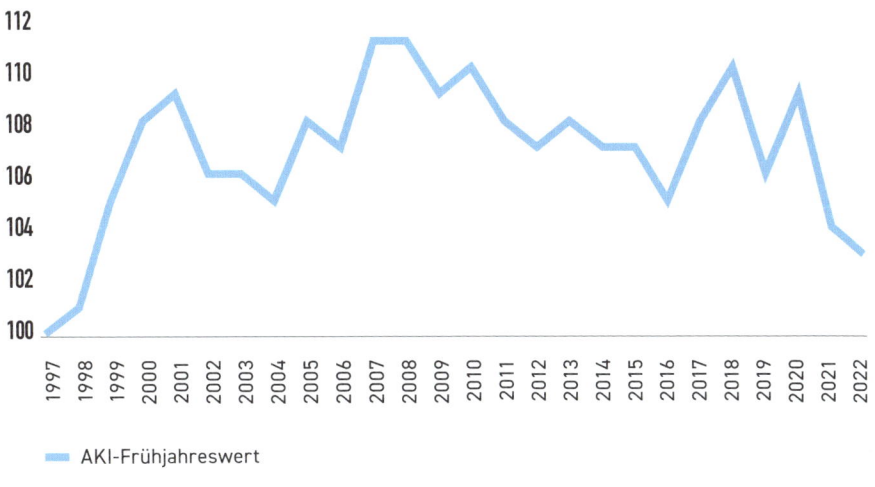

◼ AKI-Frühjahreswert

Quelle: AK Oberösterreich (2022), Werte aus dem Arbeitsklima Index; eigene Darstellung.

Aktuell weist Österreich die drittlängsten Arbeitszeiten in Europa bei Vollzeitbeschäftigten (40,8 Stunden/Woche, 2020) auf. Die Leistungsbereitschaft ist enorm und auch überlanges Arbeiten jenseits der 50 Stunden pro Woche ist keine Seltenheit. Wir wissen aber ganz genau, dass die Menschen das keineswegs (dauerhaft) wollen. Auch bei der Betrachtung der Jahresarbeitszeit bestätigen die Zahlen den Eindruck des Alltags: In Österreich wird viel und fleißig bzw. produktiv gearbeitet. 1.728 Stunden betrug 2020 die durchschnittliche Jahresarbeitszeit in Österreich, berechnet auf Basis der kollektivvertraglichen Normalarbeitszeiten, der Jahresurlaubsansprüche und der gesetzlichen Feiertage. In Frankreich lag der Vergleichswert deutlich niedriger bei 1.610 Stunden, in Deutschland bei 1.574 Stunden. Auch im höchst wettbewerbsfähigen Dänemark wird mit 1.635 Stunden sichtlich – um mehr als zwei Arbeitswochen (!) – weniger gearbeitet.

Sonderauswertungen der Statistik Austria für 2021 zeigen: Gerade bei den Beschäftigten mit (wesentlich) über 40 Arbeitsstunden pro Woche sinkt die Zufriedenheit mit der eigenen Arbeitszeit seit einiger Zeit deutlich und beträgt nur mehr unter 70 Prozent. Bei denjenigen, die über 60 Stunden pro Woche arbeiten, sind sogar nur mehr 57 Prozent mit ihrer Arbeitszeit zufrieden. Im Gegensatz dazu waren 2021 84,4 Prozent der Beschäftigten mit einem Arbeitseinsatz zwischen 36 und 40 Stunden zufrieden.

Langes Arbeiten und die häufige Leistung von Mehr- und Überstunden sind dennoch ein bestimmender Teil der betrieblichen (Un-)Kultur in Österreich – und das, obwohl ein nicht unerheblicher Teil dieses Extra-Einsatzes nicht bezahlt wird. So blieben 2021 40,6 Millionen der knapp 191 Millionen Mehr- und Überstunden unvergütet. Diese wurden, obwohl sie gearbeitet wurden, weder in Zeit noch in Geld abgegolten. Bei Frauen bleibt mehr als jede vierte (26,7 Prozent), bei Männern jede fünfte (18,7 Prozent) Mehrleistungsstunde unvergütet. Das ist schlichtweg respektlos und entspricht einem Lohnraub von rund einer Milliarde Euro pro Jahr bzw. der Gratisarbeit von knapp 23.500 Vollzeitbeschäftigten. Alles in allem überrascht es kaum, dass 500.000 Beschäftigte ihre Arbeitszeiten reduzieren wollen, 400.000 davon sogar deutlich (also mehr als fünf Stunden/Woche), wie die Daten aus der Mikrozensus-Arbeitskräfteerhebung von Statistik Austria regelmäßig zeigen.

Damit wir auch dem Ziel der Vollbeschäftigung näherkommen, müssten wir also nur besser auf die Bedürfnisse der Menschen eingehen und bessere Wege finden, die nach wie vor hohe Arbeitslosigkeit effektiv und dauerhaft zu senken – ohne dabei Druck auf die Arbeitsuchenden auszuüben! Neben öffentlichen Maßnahmen zur Stabilisierung der Konjunktur und zur Bekämpfung von Arbeitslosigkeit kann natürlich auch eine spürbare Arbeitszeitverkürzung dazu beitragen, nicht nur die Erwerbslosigkeit einerseits und die Überlastung andererseits zu reduzieren, sondern auch die Vereinbarkeit von Beruf und Familie oder die väterliche Beteiligung in der Kinderbetreuung zu fördern.

Was wir aber auf keinen Fall machen dürfen: Uns an die hohen Zahlen von arbeitsuchenden Menschen „gewöhnen"! Mir kommt vor, dass wir spätestens seit dem Beginn der Pandemie in den Debatten die Relationen verloren haben. Waren vor der Finanz- und Wirtschaftskrise 2008 im Jahresdurchschnitt knapp über 200.000 Menschen als arbeitslos vorgemerkt, so haben wir uns anscheinend inzwischen mit Werten jenseits der 300.000 (2019, 2021) oder 400.000 (2020) „abgefunden". Schulungsteilnehmer:innen und Personen in Kurzarbeit sind in diesen hohen Zahlen noch nicht einmal enthalten. Dass es hier keinen größeren Aufschrei in der Gesellschaft gibt, ist eigenartig. Denn: Mit Vollbeschäftigung ginge sich für alle mehr aus!

Dass die Arbeitswelt insgesamt sehr im Wandel ist, ist auch kein Geheimnis. So sind u. a. „sichere" Arbeitsplätze weniger geworden. Manche Phänomene sind durch die Pandemie und die Klimakrise neu dazugekommen, etwa hohe Dauerbelastungen im Gesundheits- und Pflegebereich (z. B. Hitze durch Schutzkleidung, intensivere Schichtdienste) oder die beschleunigte ökologische Wende in Wirtschaft und Gesellschaft. Einige dominante Megatrends – u. a. Finanzialisierung, Netzwerkökonomie, Digitalisierung – beherrschen schon länger das Geschehen am Arbeitsmarkt und führen zu Umbrüchen. Aber trotz aller (neuen) Herausforderungen sollten wir uns vor Augen halten: Die Arbeitswelt ist gestaltbar! Das ist doch eine gute Nachricht.

Augenscheinlich ist, dass wir wohl an vielen Stellschrauben gleichzeitig drehen müssen: Das geht von einer breiten Qualifizierungsoffensive zur Bewältigung des sozial-ökologischen Umbaus über altersgerechte Arbeitsbedingungen bis zum Abbau von gesellschaftlichen bzw. unternehmenskulturellen Hürden in verschiedenen Bereichen, z. B. Hürden bei der Inanspruchnahme von Väterkarenz, beim Abbau von Diskriminierungen von Migrant:innen am Arbeitsmarkt oder bei der Aufwertung von manuellen Tätigkeiten. Dass in einer zunehmend wissensbasierten und technologiegetriebenen Dienstleistungsgesellschaft auch die Anforderungen an die Psyche steigen, ist nachvollziehbar. Entsprechend dürfen wir – analog zur Wartung anderer, klassischer „Arbeitsmittel" – nicht auf den „Ausgleich" der Belastungen vergessen. Mehr Autonomie bei der Arbeitsgestaltung, mehr Mitbestimmung bei den Arbeitsbedingungen und mehr Wertschätzung gegenüber der Arbeitsleistung insgesamt wären dabei konkrete, wünschenswerte Ansatzpunkte. Damit es in jenen Branchen, die von Strukturwandel und Dekarbonisierung besonders stark betroffen sind, diese konkrete Veränderungsperspektive und nachhaltige Visionen von deren Neuaufstellung gibt, braucht es auch mehr „geistige Landkarten", wohin die „Reise" gehen soll und wird – Stichwort „Berufswanderkarten" und neue Wertschöpfungsketten.

Je konkreter die Veränderungsnotwendigkeiten und Veränderungsperspektiven aufgezeigt werden und je besser die Menschen bei diesen Anpassungsschritten und Übergängen finanziell abgesichert sind, umso eher wird auch die Transformation insgesamt gelingen.

FAZIT Die Menschen kennen ihren Körper und ihre psychischen Belastungsgrenzen in den meisten Fällen gut. Dauerhaft lange und schwer zu arbeiten macht krank und dann womöglich arbeitslos!

... RADIKALER KURSWECHSEL NOTWENDIG

Gemeinsam mit dem AK-Experten Nikolai Soukup habe ich Anfang 2022 einen kritischen, umfangreichen Blogbeitrag verfasst, in dem wir auch die Notwendigkeit aufzeigen, dass der Sozialstaat in Österreich progressiv weiterzuentwickeln ist, denn Österreichs Sozialpolitik steuerte in der jüngeren Vergangenheit doch oftmals in die rückwärtsgewandte Richtung.[91] So wurden bekanntlich negative Vorurteile gegenüber Armutsbetroffenen, Arbeitsuchenden und Schutzsuchenden bewusst geschürt, die Höchstarbeitsgrenzen erhöht und eine höhere Bildungsmobilität wurde verhindert. Vergessen dürfen wir auch nicht die unsozialen Kürzungen bei der Sozialhilfe, die gerade Familien mit mehreren Kindern besonders hart treffen. Selbst in den Sozialversicherungen, in denen nur Arbeitnehmer:innen versichert sind, haben nunmehr die Arbeitgebervertreter:innen das Sagen.

Frauenpolitisch sind die letzten Jahre als besonders bitter zu bewerten. Anstatt ambitioniert auf den gleichstellungsfördernden Ausbau des Angebots an Kinderbetreuung und professioneller Pflegeeinrichtungen zu setzen, wurden mit dem Familienbonus besser verdienende Haushalte begünstigt. In vielen Bereichen ist sozialpolitischer Fortschritt schlichtweg nicht gegeben. Im Gegenteil: Es wurde vielfach „Sackgassen"-Politik zulasten breiter Teile der Gesellschaft betrieben, allen voran gegen Frauen! Die Ökonomin Katharina Mader und die Juristin Charlotte Reiff halten in diesem Kontext fest: „Nach der Geburt eines Kindes sind es vor allem Mütter, die ihre Erwerbstätigkeit unterbrechen und anschließend in Teilzeit auf den Arbeitsmarkt zurückkehren. Im Gegensatz dazu wird die Erwerbsarbeit von Männern wenig beeinflusst, Väter arbeiten im Schnitt sogar mehr als Männer ohne Kinder. Dabei wäre ungefähr gleich viel Zeit für Kinderbetreuung und Erwerbsarbeit für alle besser."[92] Ich denke, dem ist nichts hinzuzufügen, und als engagierter Vater versuche ich auch, entsprechend viel Zeit und meinen Kopf für Betreuung und Spiel „freizuhalten". Es gelingt mir leider nicht immer gut, weil zu viel Arbeit oft emotional und körperlich nachteilig weit bis in die Privatsphäre wirkt.

Für immer mehr (junge) Menschen steht glücklicherweise fest: Der dominante, umgesetzte Neokonservatismus ist alles andere als alternativlos. So könnte jede Bundesregierung bereits auf international etablierte Konzepte und progressive Debattenstränge aufbauen. Schließlich fordern immer mehr Stimmen in der wissenschaftlichen und politischen Debatte dazu auf, „bei der Gestaltung der Politik die Menschen und ihr Wohlergehen in den Mittelpunkt zu stellen", wie es etwa ein Dokument des Rats der EU ausdrückt.[93] Zu diesen Stimmen gehört auch die OECD, die in einem aktuellen Bericht über die Auswirkungen der Pandemie auf gesellschaftliches Wohlergehen vor einer Rückkehr der Regierungen zum „business as usual" von vor der Krise warnt.[94] Unter den Begriffen „Just Transition" und „sozial-ökologische Transformation" wird zudem seit Jahren intensiv darüber diskutiert, dass der dringend notwendige Übergang in eine klimaneutrale Wirtschaft in einer sozial gerechten Weise erfolgen muss.

Vor dem Hintergrund der Coronakrise wurden außerdem die Debatten darüber, welche negativen Auswirkungen gesellschaftliche Ungleichheit hat und wie z. B. bezahlte und unbezahlte Arbeit neu bewertet und verteilt werden kann, noch intensiver geführt. Um in fünf bis zehn Jahren auch empirisch herzeigbare Ergebnisse in Österreich zu erreichen, wird es angesichts der gegebenen Schieflagen einen Neustart und einen radikalen Kurswechsel in vielen Bereichen der Gesellschaft brauchen.

FAZIT Nach den (neo)konservativen Rückschritten der letzten Jahre ist in einigen Bereichen das Drücken der Reset-Taste notwendig. International werden die Debatten weit fortschrittlicher geführt als hierzulande.

I
... INTERNATIONALE REFERENZMODELLE NUTZEN

Seit über zehn Jahren erstellt das WIFO den mittlerweile etablierten „Arbeitsmarktmonitor". Ich habe diese Analyse von Beginn an als horizonterweiternd angesehen. Denn: Die breite Arbeitsmarktbeobachtung ermöglicht den jährlichen Vergleich von knapp 60 Indikatoren in den EU-Mitgliedsländern.[95] Mit diesem Blick über den heimischen Tellerrand verschieben sich zum Teil erneut Relationen und Sichtweisen und Stärken bzw. Schwächen werden klarer erkennbar.

Der Arbeitsmarktmonitor fasst in fünf Bereichsindizes zusammen, was durch makroökonomische Entwicklungen, Wirtschaftsstruktur, Arbeitsmarktinstitutionen, Arbeitsmarktpolitiken, sozialstaatliche Interventionen etc. zu den entsprechenden Stärken und Schwächen einzelner EU-Länder führt. Auffällig an den aktuellen Ergebnissen des Arbeitsmarktmonitor 2021 ist, dass Österreich in der Pandemie den Anschluss an die Spitzenländer immer weiter verliert. In vielen Bereichen ist Österreich nur mehr Mittelmaß!

Im Folgenden stelle ich kurz – aufbauend auf der gemeinsamen Analyse mit der AK-Arbeitsmarktexpertin Sonja Ertl – den Status quo in zentralen Dimensionen der Arbeitswelt dar und setze ihn in Relation zu den am besten performenden EU-Ländern.

Anschließend beschreibe ich ergänzend zentrale Dynamiken (u. a. Trends, Umbrüche, Pandemieerfahrungen) am Arbeitsmarkt und versuche herauszuarbeiten, wo wir in Österreich bereits gut aufgestellt sind bzw. wo die größten Aufholpotenziale gegeben sind. Der Blick über den Tellerrand und die Orientierung an den besten Ländern kann uns sicher helfen, mit Herausforderungen besser umzugehen. Wie bereits mehrfach beschrieben: Die Zukunft ist gestaltbar und das sollte uns anspornen, besser zu werden und auf internationale Referenzmodelle zu schauen bzw. selbst wieder eines zu werden – auch wenn einige Ergebnisse entlang der fünf Dimensionen ernüchternd sind.

Bitte nicht erschrecken: Für ein schnelles Gesamtbild werden die Zahlen etwas dicht und komprimiert zusammengefasst. „Durchhalten" lohnt sich aber, selbst wenn das Fazit am Ende eher ernüchternd ausfällt.

- **Dimension 1: Allgemeine Leistungskraft des Arbeitsmarktes**

Bei der Bewertung der Arbeitsmarktergebnisse in Verbindung mit gesamtwirtschaftlichen Entwicklungen belegt Österreich nur mehr Rang 13. Wir sind insgesamt also ins Mittelfeld abgerutscht, obwohl wir zu den reichsten Ländern zählen und die siebthöchste Arbeitsproduktivität haben. So weist Österreich ein reales BIP pro Kopf (2020) von 35.390 Euro auf (entspricht dem oberen Mittelfeld mit Rang 9; EU-27: 26.380 Euro). Bei der Arbeitsproduktivität pro Beschäftigten liegen wir unmittelbar hinter Schweden und Frankreich.

In der Statistik sehen wir Irland als „gruppenbestes" Land vorne, das neben guten Entwicklungen am Arbeitsmarkt auch von neuen Berechnungsstandards des BIP profitiert hat. Letzteres hängt damit zusammen, dass die Wertschöpfung großer multinationaler Konzerne – insbesondere der IT-Riesen wie Google oder Microsoft, die ihren (steuerschonenden) europäischen Firmensitz in Dublin haben – nun stärker der Wirtschaftsleistung der grünen Insel im europäischen Norden zugerechnet wird. Daher ist bei der Interpretation des Bildes „Irland als Musterschüler" etwas Vorsicht angebracht.

- **Dimension 2: Erwerbsteilnahme**

Hier fällt der Blick für mich unmittelbar angenehmer aus: Wenn es um die Erwerbsteilnahme der Bevölkerung geht, gehört Österreich grundsätzlich zur erweiterten Spitzengruppe. So ist z. B. die Langzeitarbeitslosenquote besser als im EU-Durchschnitt (Österreich: 24,5 Prozent, EU-27: 35,7 Prozent; Werte für 2020) und die Jugendarbeitslosigkeit der 15- bis 24-Jährigen ist im EU-Vergleich niedrig (Österreich: 10,5 Prozent, EU-27 16,8 Prozent). Mit diesen Indikatoren liegen wir jeweils rangmäßig im Spitzenfeld, außer bei der Altersarbeitslosigkeit (Rang 8) und bei der Langzeitarbeitslosenquote Älterer (Rang 15).

Mit 0,6 Prozent ist der Anteil unfreiwillig befristeter Beschäftigung (EU-27 6,8 Prozent, 2020) sehr gering, nur in einem Land ist der Anteil niedriger. Eine Position im Mittelfeld nimmt Österreich beim geschlechtsspezifischen Beschäftigungsgefälle der 25- bis 44-Jährigen ein (Österreich: 6,7 Prozentpunkte, EU-27: 11,7 Prozentpunkte). Die Ausgaben für aktive Arbeitsmarktpolitik fallen gemessen am BIP vergleichsweise hoch aus (0,5 Prozent des BIP bzw. 0,11 Prozent je Prozent Arbeitslosigkeit) und bringen uns eine Position im erweiterten Spitzenfeld.

Als mögliche Vorbilder sind in den genannten Bereichen wohl Dänemark, Schweden und die Niederlande zu sehen.

- **Dimension 3: Ausgrenzungsrisiken am Arbeitsmarkt**

Betrachtet man sehr breit Indikatoren in den Bereichen Bildung, Exklusion, Gesundheit und Erwerbstätigkeit in Kombination mit individuellen Kinderbetreuungspflichten, dann wird klar: Rang 19 liegt nicht nur nicht vorne, sondern wir bleiben endlos weit hinter unseren Möglichkeiten in Österreich zurück! Dass wir ein selektives Bildungssystem haben, der Ausbau der institutionellen Kinderbetreuung nur schleppend vorangeht und wir im Gesundheitsbereich wohl besser beim Behandeln als beim Verhindern von Krankheiten sind, das sind nur drei von vielen Erklärungen für das schlechte Abschneiden im europäischen Vergleich.

Auch in Dimension 3 sind die gruppenbesten Länder im Norden zu finden: Schweden, Dänemark und Finnland sind uns hier haushoch überlegen.

- **Dimension 4: Verteilung der Erwerbseinkommen**

Nur bei der Analyse der Höhe und Verteilung der Erwerbseinkommen punktet Österreich jeweils mit einer Position im Spitzenfeld. Selbst wenn es sich im teuren Alltag wohl nicht (mehr) so anfühlt. Aber: Die breite Abdeckung mit Kollektivverträgen macht im Vergleich mit anderen Ländern eine höhere Entlohnung möglich. Sowohl bei den Bruttolöhnen/Bruttogehältern selbst als auch bei den Entgelten inklusive der Sozialbeiträge der Arbeitgeber heben wir uns vom Durchschnitt in der EU ab. Relativiert wird dies alles aber durch den hohen Gender-Pay-Gap (Österreich: 19,9 Prozent; EU-27: 14,1 Prozent), der hartnäckig hoch bleibt und die Defizite in Gleichstellungsfragen offenlegt.

Belgien, Luxemburg und Dänemark schaffen bei der Verteilung der Erwerbseinkommen die besten Werte, Österreich liegt insgesamt auf Rang 12.

- **Dimension 5: Umverteilung durch den Sozialstaat**

Österreich hat durch sein breites Angebot an Geld- und Sachleistungen ein im europäischen Vergleich hohes Niveau bei sozialer Absicherung. Der Sozialstaat ist ein wichtiges Fundament für den Zusammenhalt in der Gesellschaft und für die Vermeidung von Armut und Notlagen. Die Sozialleistungen in Österreich reduzieren die Armutsgefährdungsquote deutlich – um 9,7 Prozentpunkte – auf 13,9 Prozent, wodurch wir einen Platz im oberen europäischen Mittelfeld einnehmen. Österreich liegt bei der Armutsgefährdung entsprechend besser als der EU-27-Durchschnitt von 17,1 Prozent. Für die Zukunft scheint ein Blick nach Dänemark, Finnland und Belgien hilfreich, die in einigen Bereichen Vorbildcharakter haben können.

FAZIT Alles in allem wird klar, dass Österreich nicht (mehr) die Insel der Seligen ist. Andere Länder schaffen mittlerweile vieles besser! Ich würde es gut finden, wenn wir deren Erfahrungen für Verbesserungen hierzulande nützen.

T

... TEILE MÜSSEN EIN-
ANDER ERGÄNZEN!

Von Ökonom:innen und Jurist:innen bekommt man auf Fragen häufig die Antwort: „Es kommt darauf an." Früher war diese Antwort für mich selbst nicht sehr befriedigend, denn ich hätte lieber unmittelbar Klarheit gehabt. Nichtsdestotrotz finde ich diese Antwort heute „sauberer" als einfache, immer gültige Erklärungen, wie die Welt so funktioniere. Um den Gedanken zu veranschaulichen, nehmen wir beispielsweise nochmals die Bewertung von Budgetdefiziten her. „Ist ein Budgetdefizit gut oder schlecht?", könnte eine Frage lauten. Auch ich würde mittlerweile antworten: „Es kommt darauf an. In der Hochkonjunktur wäre es bedenklich, wenn die Staatseinnahmen nicht ausreichen, in der Rezession würde ich aber bewusst ein Defizit in Kauf nehmen, um die Wirtschaft wieder anzukurbeln bzw. zu stabilisieren."

Es stellt sich nun berechtigt die Frage: Wie finden wir gemeinsam die „richtigen" Antworten auf die drängendsten Fragen der Gegenwart und die Herausforderungen der Zukunft. Der Arbeitsmarktmonitor und der aktuelle AK-Wohlstandsbericht liefern bereits gute Fundamente für die Analyse und Lösungsansätze gleichermaßen. Allerdings wäre es doch fein, eine allgemeinere Orientierungshilfe für gute Lösungen und Antworten für die Gesellschaft und die Gesamtwirtschaft zu haben, oder? Diese Lösungen und Antworten müssten demnach ziemlich viel mitberücksichtigen: von den bereits angeführten Megatrends – vorrangig renditeorientiertes Wirtschaften, Netzwerkökonomie,

Digitalisierung – bis hin zu einigen zentralen Pandemieerfahrungen, die in Österreich in unterschiedlicher Form noch „nachwirken".

Daher möchte ich erst noch ein paar Seiten mehr für analytische Ergänzungen und die Status-quo-Beschreibung beanspruchen, bevor ich zu einem breiten „Kompass" für kohärente Politikmaßnahmen komme. Denn ohne gute Standortbestimmung fällt auch die „Peilung" ziemlich schwer. Es ist an dieser Stelle jedenfalls hilfreich, die Komplexität dieser (neuen) Themen auf eine paar Schlagworte zu reduzieren – im Folgenden verwende ich bewusst aussagekräftige Adjektive. Die verwendeten Eigenschaftsworte ermöglichen trotz „großer Flughöhe" einen geeigneten „Zoom" auf komplexe Zusammenhänge. Die Beschreibung wichtiger Zusammenhänge werde ich ebenfalls so kompakt wie möglich halten. Ein paar Seiten benötige ich dafür sinnvollerweise aber mehr.

Mein Augenmerk richtet sich v. a. auf ausgewählte Phänomene mit einem starken Arbeitsmarktbezug, da vieles – u. a. die finanziellen Möglichkeiten der Haushalte in Österreich, aber auch die materiellen Rahmenbedingungen für unser Sozialstaatsmodell – am Arbeitsmarkt „hängt". An anderer Stelle habe ich zudem ausgeführt, dass die Einkommensverteilung einen wesentlichen Einfluss auf die gesamtwirtschaftliche Nachfrage, die Sozialstaatsfinanzierung und die gesellschaftliche Teilhabe im Allgemeinen hat.

SECHS THESEN ZUR ARBEITSWELT VON HEUTE

- Die Arbeitswelt ist segmentiert.
- Die Arbeitswelt ist „bunt" und „grau" gleichzeitig.
- Die Arbeitswelt ist mobil und flexibel.
- Die Arbeitswelt ist technologie- und wissensintensiv und wird „grüner".
- Die Arbeitswelt ist anspruchsvoll und psychisch belastend.
- Die Arbeitswelt ist international vernetzt und verwundbarer.

Wie ich auf diese Aussagen komme, möchte ich nun Schritt für Schritt erklären. Was diese Thesen alle eint, ist, dass alles – grundsätzlich positiv – gestaltbar ist. Das sollte uns einerseits bewusst „beruhigen" und andererseits wachsam halten, damit Rückschritte in der Gesellschaft verhindert werden!

- **These 1: Die Arbeitswelt ist segmentiert.**

Vieles ist heute anders, aber nicht alles neu. Der Druck auf die Arbeitnehmer:innen durch kapitalistische, finanzmarktgetriebene Renditehoffnungen steigt bereits seit Jahrzehnten. Dass die Digitalisierung und die Globalisierung z. T. noch als „Beschleuniger" wirken, ist leicht nachvollziehbar. Die systematisch steigenden Anforderungen in der Arbeitswelt bringen Menschen mit schlechter Ausbildung besonders unter Druck bzw. in besondere Abhängigkeiten von ihrer Arbeit. Aus Angst, aus dem Arbeitsmarkt „rauszufallen", müssen sie sich oft viel gefallen lassen, weil sie „ersetzbar" geworden sind. Denn ein Pflichtschulabschluss allein reicht z. B. deutlich seltener zur Bewältigung der (neuen) Anforderungen am Arbeitsmarkt.

Für mich gibt es trotz eines Anstiegs von Atypisierung (Befristungen, Teilzeit etc.) und Prekarisierung (durch Digitalisierung und neue Arbeitsformen) auch gute Nachrichten: Das Normalarbeitsverhältnis ist noch immer die „Norm". Die These der „De-Standardisierung" der Arbeit hält also insgesamt nicht. Atypische Formen der Beschäftigung haben zwar zugenommen, parallel gibt es aber andere Entwicklungen – z. B. die allgemeine Bildungsexpansion, die höhere Erwerbsbeteiligung von (höchstqualifizierten) Frauen u. v. m. –, die die Arbeitsmarktentwicklung wesentlich mitbestimmen.[96]

In der Realität finden wir also wieder beides „nebeneinander": Stabile Segmente stehen Segmenten mit besonders hohem Druck, Prekarisierung oder mit dequalifiziertem Einsatz – d. h. Arbeitsplätze müssen angenommen werden, die eigentlich unter den beruflichen Fähigkeiten und Fertigkeiten liegen – gegenüber. Die „Entwertung" hat bei Prekarisierung und Dequalifikation sogar zwei weitere Gesichter bzw. Facetten: weniger Geld und wenig Wertschätzung!

Als besondere Pandemieerfahrung oder „Bruch" möchte ich noch anführen, dass sich ganze Branchen schlichtweg nachhaltig verändert haben: von der Dauerbelastung für das Gesundheits- und Pflegepersonal, der höheren Bereitschaft zum Branchenwechsel bis zur steigenden Zustimmung zu kürzeren Arbeitszeiten, die auch durch die breite Nutzung des Kriseninstruments der Kurzarbeit (Höchststand im Mai 2020: 1,3 Millionen Beschäftigte) gefördert wurde. Dass der sozial-ökologische Umbau der Wirtschaft und Themen wie Arbeitgeberattraktivität zu prominenten Themen wurden, ist aus meiner Sicht nicht nur neu, sondern auch sehr begrüßenswert.

- **These 2: Die Arbeitswelt ist „bunt" und „grau" gleichzeitig.**

Dass der demografische Wandel, insbesondere das Älterwerden der Baby-Boomer-Generation der geburtenstarken Jahrgänge der 1960er-Jahre, maßgeblich die Struktur der Belegschaften und die Gesellschaft insgesamt prägt, ist ein offenes Geheimnis. Die steigende Erwerbsbeteiligung von Älteren ist grundsätzlich positiv, sie ist aber nicht immer Ausdruck von besseren Arbeitsbedingungen, die ein längeres Arbeiten möglich machen, sondern vielmehr ein Resultat eines erschwerten Zugangs zu vorzeitigen Pensionsformen.

Gleichzeitig schrillen bei mir die Alarmglocken! Denn nur jede zweite Frau geht direkt aus der Erwerbstätigkeit in Pension.[97] Das bedeutet oft Lücken am Ende der Erwerbsbiografie und entsprechend schlechtere Pensionsperspektiven.

Fakt ist auch: Zwei Drittel der Betriebe weisen eine Altersstruktur mit ausgeprägtem Schwerpunkt auf – ihre Belegschaft ist entweder jugendzentriert (29,5 Prozent), mittenzentriert (24,0 Prozent) oder alterszentriert (13,9 Prozent). Unter „balancierte Betriebe", für die eine ausgewogene Altersverteilung der Beschäftigten kennzeichnend ist, fallen nur 3,6 Prozent aller untersuchten Betriebe.[98] Weniger als vier Prozent – mehr ist nicht zu sagen!

Dass die Diversität der Belegschaften abseits der Altersstruktur zumindest leicht zunimmt, ist begrüßenswert. Dennoch stößt sie im Alltag oft noch auf gesellschaftliche und unternehmenskulturelle Hürden. Das beginnt bei (neo)konservativen Rollenzuschreibungen gegenüber Frauen, der Diskriminierung von Menschen mit Migrationsbiografie oder der mangelnden Unterstützung bei der Inanspruchnahme von Väterkarenz und reicht bis hin zu Benachteiligungen für Beschäftigte mit gleichgeschlechtlichen Orientierungen oder einer abweichenden Geschlechtsidentität.

Einen „Bruch" würde ich dennoch in einem Bereich besonders verorten: Die Systemerhalter:innen – von Beschäftigten der Müllabfuhr oder in Spitälern bis zu jenen im Handel – wurden in der Pandemie so sichtbar, wie sie es davor wohl nicht waren.[99] Endlich! Aber wie oben beschrieben warten sie leider bis heute auf den monetären Dank.

- **These 3: Die Arbeitswelt ist mobil und flexibel.**

An einer anderen Stelle haben wir bereits die sehr hohe Arbeitsproduktivität in Österreich festgestellt. Dass der heimische Arbeitsmarkt ebenso höchst flexibel ist, das ist dennoch kein Allgemeingut. So ist z. B. der Kündigungsschutz hierzulande deutlich schlechter ausgeprägt als in Deutschland. Auch die lange Einsatzmöglichkeit durch das Nutzen des ausgeweiteten Höchstarbeitszeitrahmens (12 Stunden-Tag/60 Stunden-Woche) und auch Teleworking sind mittlerweile zum Teil der „etablierten", flexibel dehnbaren Arbeitsform geworden.[100]

Gerade das Thema der Homeoffice-Nutzung wird deutlich prominenter als früher diskutiert. Einerseits geht es um die Frage, welche Vor- und Nachteile mit dieser Arbeitsweise verbunden sind, andererseits werden betriebswirtschaftliche Gedanken augenscheinlicher, die Richtung Büroflächenoptimierung – sprich: Großraumbüros, eigenes Büro als Statussymbol, arbeitsmedizinische Einsparungen – gehen. Neueste Ergebnisse der Statistik Austria (2022) legen übrigens nahe, dass etwa 20 Prozent der Arbeitnehmer:innen regelmäßig von zu Hause arbeiten. Im Frühjahr 2020 arbeiteten hingegen

40 Prozent der Beschäftigten im Homeoffice. Aus heutiger Sicht ist dieser Wert als „Lockdown-Maximum" zu sehen, also als Referenzwert für die Zeit, „wenn mal wirklich der Hut brennt". Das ist wichtig für den Umkehrschluss: Selbst wenn Österreich wirtschaftlich „runterfährt", dann können sechs von zehn Arbeitnehmer:innen nicht ins Homeoffice wechseln.

Bis heute sieht das WIFO (2020) übrigens das „theoretische Potenzial" für Homeoffice-Arbeit bei 45 Prozent der Beschäftigten.[101] Dieser Wert berücksichtigt u. a. die geschlechtsspezifischen Tätigkeits- und Qualifikationsprofile bzw. regionale und branchenspezifische Merkmale im vorerst „letzten" voll ausgelasteten Jahr – nämlich 2019. Das Nutzungspotenzial von Homeoffice streut entsprechend, z. B. regional zwischen rund 40 Prozent in Tirol bis rund 50 Prozent in Wien und zwischen den Qualifikationen (von weniger als 20 Prozent bei maximal Pflichtschulabschluss bis etwa 80 Prozent bei Universitäts- bzw. Fachhochschulabschlüssen).

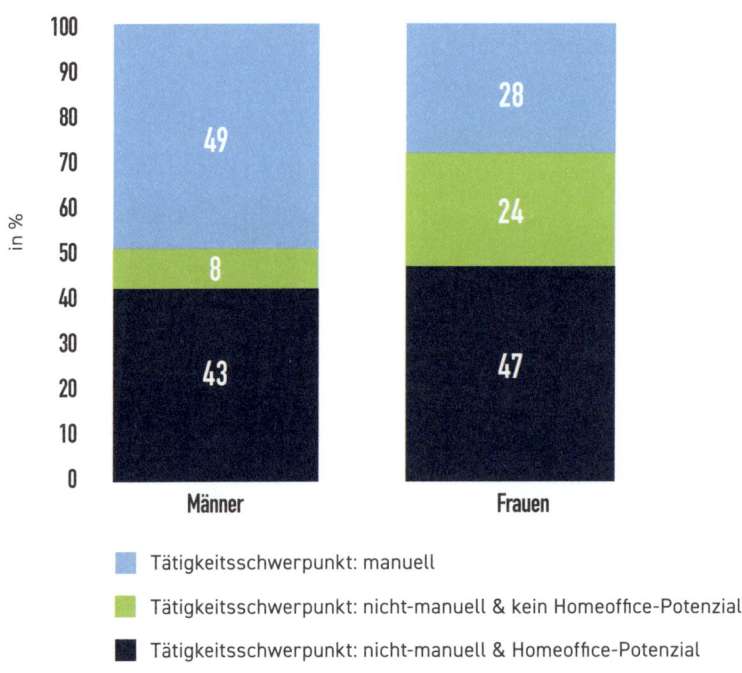

Homeoffice-Potenzial der unselbstständig Beschäftigten
nach Tätigkeitsschwerpunkt und Geschlecht (2019)

Legende:
- Tätigkeitsschwerpunkt: manuell
- Tätigkeitsschwerpunkt: nicht-manuell & kein Homeoffice-Potenzial
- Tätigkeitsschwerpunkt: nicht-manuell & Homeoffice-Potenzial

Quelle: Bock-Schappelwein, J. (2020), RESEARCH BRIEFS 4/2020, WIFO, Wien, S. 3; eigene Darstellung.

Gleichzeitig sollten wir uns bei all dem Hype um dieses Thema vor Augen führen: Viele Tätigkeiten wird man auch nie (entsprechend gut) über den Bildschirm erledigen können! In zentralen Lebensbereichen brauchen wir die Menschen vor Ort – am Krankenbett, im Lager im Geschäft oder hinter dem Lenkrad beim Transport von Waren. Über die „Entgrenzung" der Arbeit und die irre Belastung durch Homeoffice-Arbeit in Kombination mit Kinderbetreuung oder Homeschooling wird im Übrigen auch zu wenig gesprochen – ich spreche aus leidvoller Erfahrung als Vollzeit arbeitender Jungvater.

Diese Ambivalenz aus „Freiheit" und „Beschränkung" (der Freizeit, der Arbeitsplatz- und Lebensqualität etc.) gehört insgesamt stärker sichtbar gemacht. Breiter diskutiert werden muss auch über die immensen Mobilitäts- und Berufshemmnisse in ländlichen Regionen, z. B. fehlende Angebote hinsichtlich Erreichbarkeit bzw. zeitlicher Verfügbarkeit von öffentlichen Verkehrsmitteln oder von sozialer Infrastruktur. Die fehlende Infrastruktur abseits von Ballungsräumen ist eines reichen Landes im 21. Jahrhundert unwürdig.

- **These 4: Die Arbeitswelt ist technologie- und wissensintensiv und wird „grüner".**

Dass uns die Technik im Alltag und in der Arbeit unglaublich helfen kann, ist augenscheinlich: Das Schreiben von E-Mails beschleunigt z. B. den Schriftverkehr, Rechenprogramme unterstützen uns bei komplizierten Kalkulationen, die Rechtschreibkorrektur am Bildschirm rettet so manchen Text, Videokonferenzen ermöglichen einen Austausch mit Menschen rund um die Welt, auch die „simple" Einparkhilfe ist nicht zu vernachlässigen und erspart uns mitunter Ärger.

Dass aber der technische Fortschritt in vielen Lebensbereichen nicht für alle gleich nutzbar ist – Stichwort „Digital Divide" –, sollte dennoch nicht vergessen werden. Was bringt den Bürger:innen z. B. die Möglichkeit der Nutzung von Finanz-Online-Diensten, wenn sie vielleicht weder einen Computerzugang noch Internet haben oder technisch einfach nicht versiert genug sind. Die Nutzung von Künstlicher Intelligenz (KI) oder von Algorithmen ist auch nicht zwingend nur vorteilhaft. Wenn sie z. B. zur negativen Überwachung der „Leistung" in der Arbeit oder zur „Selektion" beim Zugang zu AMS-Kursen eingesetzt werden, dann kann aus einer ursprünglichen guten Idee eine Belastung werden.

Insgesamt ist aber klar: Der Strukturwandel zu einer noch technologie- bzw. wissensintensiveren und gleichzeitig ressourcenschonenderen Gesellschaft wird nun auch durch die Klimakrise massiv beschleunigt. Wir stehen wohl vor einer gewaltigen sozial-ökologischen Transformation in Wirtschaft und Gesellschaft.[102] Das Gute daran ist, dass dieser notwendige Umbau heute mehr Aufmerksamkeit als vor der Pandemie und vor den jüngsten – immer öfter vorkommenden – Wetterextremen erhält. Auch der Wissensstand wächst und die EU-Kommission geht mit wichtigen Initiativen (vgl. „Green Deal", „Just Transition Fonds", „Fit for 55", „EU-Industriestrategie") voran.

Dass bei all diesen Veränderungen der Sozialstaat eine wichtige Rolle spielen soll und muss, kommt manchmal in den Debatten zur „technischen Machbarkeit" von Konzepten zu kurz. Es sollte klar sein: Der Sozialstaat ist ein elementarer Teil der Lösung für all diese „Übergänge", weil die Vielen schlichtweg auf ihn angewiesen sind – sei es beim Branchenwechsel, bei der Auf- und Höherqualifizierung oder anderen gesundheitlich gebotenen Neuorientierungen!

- **These 5: Die Arbeitswelt ist anspruchsvoll und psychisch belastend.**

In der beschriebenen, zunehmend wissensbasierten und technikgetriebenen Dienstleistungsgesellschaft steigen die Anforderungen ständig an.[103] Mit dem 12-Stunden-Tag

Entwicklung der Krankenstände wegen psychischer Ursachen

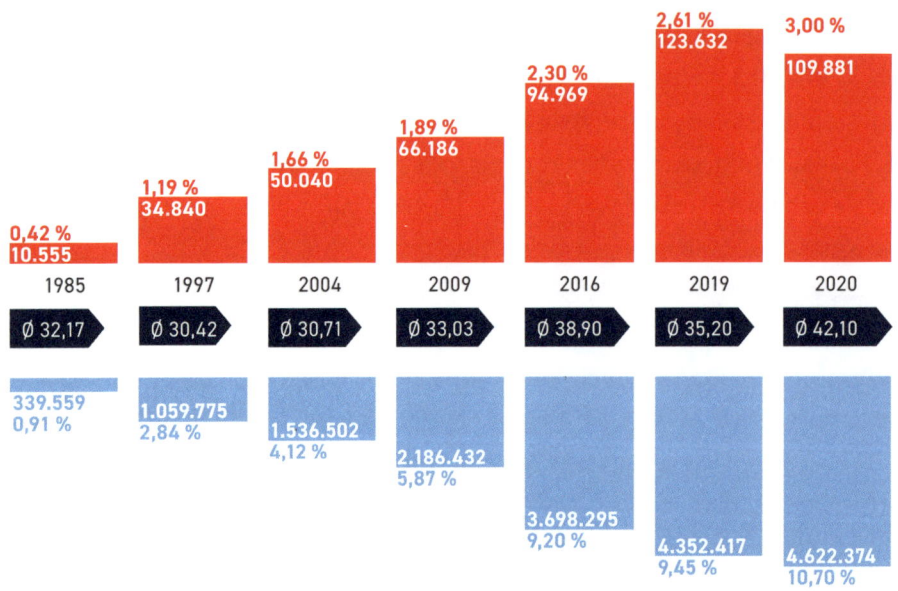

Quelle: AK Wien (2022), Grafik Abteilung Sozialversicherung; eigene Darstellung.

bzw. der 60-Stunden-Woche und durch die individuelle Ersetzbarkeit – in Zeiten hoher Arbeitslosigkeit konkurrenzieren ja viele Menschen um die Arbeitsplätze – ist viel Druck in der Arbeitswelt spürbar.[104]

Dienstleistungen werden häufig in einem Zusammenspiel von Menschen erbracht, entsprechend hoch können die psychischen Belastungen sein. Denken wir an die Beschäftigten an der Kasse im Handel vor langen Wochenenden oder Feiertagen, denken wir an den emotionalen Bereich der Pflege, denken wir an Hotline-Mitarbeiter:innen, denken wir an diejenigen, die mit Problemen von Kund:innen konfrontiert sind oder denken wir an Polier:innen am Bau, die mit Architekt:innen die Umsetzung der Pläne in der Realität diskutieren müssen. Die Psyche wird dabei besonders stark belastet. Daher mag es kaum überraschen, dass die Häufigkeit und die Dauer von Krankenständen wegen psychischer Ursachen signifikant zugenommen haben.

Für psychische und körperliche Fehlbelastungen gilt gleichermaßen: Sie führen oft zu individuellem Leid und gesellschaftlichen „Kosten", und sie sind zum Teil sogar simpel vermeidbar. An anderer Stelle haben wir bereits den Gedanken der Verhältnisprävention aufgegriffen, der die „Schuld" für gesundheitliche „Ausfälle" in den Unternehmen eben nicht bei den einzelnen Betroffenen sucht, sondern auf die Balance aus Anforderungen und „Hilfen" bzw. „Ressourcenausstattung" abzielt. Entsprechend sinnvoll ist es daher, die bestehenden Spielräume im Bereich der altersgerechten Arbeitsorganisation auch angesichts der demografischen Verschiebungen zu nutzen und den Austausch von Good-Practice-Beispielen zwischen den Unternehmen zu fördern.[105]

Wenn die Gesundheit erheblich angeschlagen ist, dann ist es jedenfalls zu spät. Dass viele notwendige Behandlungen, sei es für körperliche oder psychische Krankheitsbilder, im Gesundheitssystem insbesondere in der Pandemiezeit durch einen „rationierten" Zugang ausgeblieben sind, ist ein Faktum, dessen Folgen heute noch nicht abschätzbar sind.

- **These 6: Die Arbeitswelt ist international vernetzt und verwundbarer.**

Die Pandemie und auch die unglaubliche Steigerung der Energiepreise im Gefolge des russischen Angriffskriegs zeigen, dass wir als Gesellschaft bzw. als Gesamtwirtschaft deutlich weniger resilient sind, als wir das lange Zeit geglaubt haben. Verschiedenste Abhängigkeiten wurden immer stärker sichtbar und z. B. Versorgungskrisen bei kritischen Gütern, vor allem im Bereich der medizinischen und pharmazeutischen Versorgung, führten zu den überfälligen Debatten, wie Wertschöpfungsketten wieder zurück nach Europa verlagert werden sollen. Masken und medizinische Schutzausrüstung (z. B. Gummihandschuhe), aber auch Medikamente wie Antibiotika standen dabei besonders im Fokus.[106]

Lange Zeit wurden von der Unternehmerlobby die weltweiten Wohlstandsgewinne durch die Globalisierung beschworen. Heute sehen wir, dass der globale Norden viele Jahrzehnte auf Kosten des globalen Südens durch das Ausnutzen schlechter Arbeits-, Sozial- und Umweltstandards gelebt hat.[107]

Auch die Verlässlichkeit von globalen Lieferketten ist heute schlichtweg nicht mehr gegeben. Symbolisch war für mich das Bild des 400 Meter langen und 59 Meter breiten Containerschiffs „Ever Given", das sich im Suezkanal verkantet und den Containerfrachtverkehr dadurch tagelang unmöglich gemacht hatte. Das Schiff war im März 2021 unter der Flagge Panamas auf dem Weg von China zum Hafen von Rotterdam. Einige Kilometer nördlich von Suez kam der Gigant vom Kurs ab und versperrte den Suezkanal, die künstliche Wasserstraße zwischen Rotem Meer und Mittelmeer, durch die normalerweise mehr als zehn Prozent des globalen Frachtvolumens und 30 Prozent des Containervolumens fließen.

Ich möchte hier nicht weiter auf zu viele negative Phänomene der Globalisierung eingehen, aber die unsolidarischen Steuervermeidungsstrategien von multinationalen Konzernen, das international beobachtbare „Race to the Bottom" bei Schutzrechten von Arbeitnehmer:innen oder die mutwillige Zerstörung der Umwelt ausschließlich zur Profitmaximierung dürfen nicht unerwähnt bleiben.

KOMPASS FÜR GESELLSCHAFTLICHEN FORTSCHRITT

Nach diesen sechs Thesen zur Arbeitswelt von heute – zum Teil mit bitteren Erkenntnissen und Befunden – möchte ich dennoch nochmals in Erinnerung rufen, dass viele der Entwicklungen zum Guten gestaltbar sind. Auf den Erfahrungen der multiplen Krisen können wir vielleicht sogar gut aufbauen und die Resilienz der Gesellschaft und der Gesamtwirtschaft wieder erhöhen. Dafür müssen wir wohl an vielen Stellschrauben ambitioniert und gleichzeitig drehen. Als Beitrag für diese notwendige Debatte schlagen mein AK-Kollege Nikolai Soukup und ich unmittelbar sieben Kriterien vor, denen eine Neuausrichtung der Politikgestaltung in Österreich gerecht werden sollte. Diese reichen vom Abbau der Ungleichheiten auf vielen Ebenen bis zu Unterstützungen beim sozial-ökologischen Umbau von Wirtschaft und Gesellschaft.

Den Sozialstaat progressiv weiterentwickeln
Kompass für eine Sozialpolitik des gesellschaftlichen Fortschritts

Ein Sozialstaat, der ...

... die **sozialökologische Transformation** des Wirtschaftsmodells unterstützt

... **gesellschaftliche Ressourcen** und **Resilienz** stärkt und **Solidarität** fördert

... **Teilhabe in der Gesellschaft** fördert

... die gesellschaftliche **Ungleichheit abbaut**

... **Gleichstellung** zwischen den **Geschlechtern** sicherstellt

... Arbeitnehmer:innen **Druck nimmt** und **Gestaltungsmöglichkeiten gibt**

... in **prekären Lebenslagen** hilft und **Unsicherheit nimmt**

Quelle: Buxbaum, A./Soukup, N. (2022), Den Sozialstaat 2022 progressiv weiterentwickeln: 7 Wegweiser für eine Sozialpolitik des gesellschaftlichen Fortschritts; Blog Arbeit&Wirtschaft, 8. Februar 2022; eigene Darstellung.

In jedem dieser Felder sind sowohl akute Problemlösungen als auch mittel- bis langfristige Zukunftskonzepte dringend notwendig, wie wir in einem Beitrag im Blog Arbeit&Wirtschaft konkreter sichtbar machen. Allgemein bin ich sicher, dass sich entlang dieses „Kompasses für gesellschaftlichen Fortschritt" sämtliche Maßnahmen und Vorschläge dahingehend leicht bewerten lassen, ob sie dem sozialen Zusammenhalt und dem Fortschritt der Gesellschaft dienen.

FAZIT Die größte Initiative und die Steuerung der notwendigen Vorhaben sollen vom Bund ausgehen, bei der Umsetzung spielen dann aber auch die Kommunen und Gemeinden eine bedeutende Rolle.

... ÄLTERE UND JÜNGERE GLEICHER- MASSEN ABSICHERN

Ich bin immer wieder baff, mit welcher „Sicherheit" und Komma-Genauigkeit Aussagen über Entwicklungen in 30, 40 oder sogar noch mehr Jahren getroffen werden. Beim Thema Generationengerechtigkeit landet man unweigerlich bei Szenarien zur Verschiebung der Altersstruktur der Gesellschaft, zur Entwicklung der Beitragsgrundlagen, zu Zuwanderung und Lebenserwartung. Denjenigen, die dann wirklich „wissen", dass die Pensionen und der Sozialstaat „sicher" kollabieren werden, kann ich nur zwei Dinge zuschreiben: entweder eine maßlose Selbstüberschätzung angesichts der gegebenen Unsicherheiten im Zusammenspiel so vieler Stellschrauben oder eine interessengeleitete Fehleinschätzung, weil neue Geschäftsfelder für die Finanzindustrie entstehen sollen. Seriös betrachtet: Welche Zuverlässigkeit und Aussagekraft können Projektionen über derart lange Zeiträume haben, wenn klar ist, dass die meisten der zugrunde gelegten Annahmen höchst unsicher sind? Dennoch: Die Alterung der Gesellschaft stellt eine enorme Herausforderung für die sozialen Sicherungssysteme dar. Die Frage ist, wie wir mit dieser Herausforderung umgehen. Zugespitzt lautet die sozialpolitische Konfliktlinie: „Leistungskürzungen und breiter sozialer Kahlschlag" oder „möglichst gute Erwerbsintegration der Menschen und gute Arbeitsbedingungen". So haben es der Sozialexperte Josef Wöss und ich vor vielen Jahren zusammengefasst.[108] An anderer Stelle im Buch, im Kapitel zu den Pensionen, habe ich bereits ausgeführt, dass die Finanzierungs- und Gestaltbarkeitsfrage für all diese Themen in den kommenden Jahrzehnten ganz wesentlich durch die Entwicklung des Arbeitsmarktes bestimmt werden wird (Verteilung der Erwerbsarbeit, Höhe der Beschäftigungsquote, Höhe der Löhne, Inklusion von benachteiligten Gruppen etc.).

Noch eine Anmerkung: Andere, für die heutige Jugend wahrscheinlich viel bedrohlichere Probleme als der demografische Wandel, wie die Abhängigkeit der Realwirtschaft von den Finanzmärkten, drängende Klimafragen oder die Auseinanderentwicklung von Arm und Reich, werden in diversen Publikationen in aller Regel nicht thematisiert. Und das, obwohl sich einschlägige Autor:innen vorgeblich sehr große Sorgen um (Generationen-)Gerechtigkeit gegenüber den heute Jüngeren machen. Ähnlich unterbeleuchtet bleiben andere Brennpunkte. Zu diesen zählen fehlende Aus- und Weiterbildungsangebote für Jugendliche und geringqualifizierte Erwachsene, hohe Arbeitslosenzahlen, Probleme bei der Vereinbarkeit von Beruf und Familie, hohe Invalidisierungsraten wegen unzureichendem Gesundheitsschutz, fehlende Arbeitsplätze für Menschen im höheren Erwerbsalter oder unzureichende Pflegeangebote für ein würdiges Altern.

Klar ist: Je besser es gelingt, das Ziel der Vollbeschäftigung und der hohen Arbeitgeberattraktivität – Stichwort „more and better jobs" – zu erreichen, desto besser sind die Voraussetzungen für eine erfolgreiche Bewältigung des demografischen Wandels. Die Steigerung bzw. der Erhalt der gesamtwirtschaftlichen Produktivität und ein nachhaltiges (ressourcenschonendes) Wachstum stellen natürlich weitere zentrale Bestimmungsgrößen dar.

Es gibt bereits gute Nachrichten: Die Entwicklung der Beschäftigungsquoten dürfte allein schon aus Gründen der Demografie in mittel- bis langfristiger Perspektive tendenziell nach oben gehen. In den vergangenen Jahrzehnten war ein massiver Anstieg der Zahl der Menschen im Erwerbsalter und damit ein stetiges Wachstum des Arbeitskräfteangebots zu verzeichnen. In Zukunft wird hingegen mit einer rückläufigen Zahl der Menschen im Erwerbsalter gerechnet. Auch die Unternehmen sind vor diesem Hintergrund gut beraten, sich verstärkt um Themen wie Aus- und Weiterbildung, attraktive Arbeitszeitmodelle, Gesundheitsschutz und Vereinbarkeit von Beruf und Familie zu kümmern.

Auf der betrieblichen Ebene wird zunehmend zugestanden, dass es auf die Mischung bzw. die Balance – Stichwort „Generationenbalance" bzw. „Diversität als Stärke" – zwischen den verschiedenen Altersgruppen ankommt. Denn altersgemischte Teams haben sich als besonders erfolgreich herausgestellt, da jede Altersgruppe ihre spezifischen Stärken einbringen und dadurch einen wertvollen Beitrag für das „große Ganze" leisten kann und ein adäquater Interessenausgleich möglich wird. In der Realität sind wir noch weit von einer balancierten Altersstruktur in den Unternehmen entfernt, wie wir vorhin gesehen haben. Nichtsdestotrotz ist der Gedanke der Balance und des Interessenausgleichs für die Gesellschaft analog anwendbar: Es braucht eine gemeinsame Vision, wie sich möglichst breite Teile der Gesellschaft entsprechend einbringen können. Wichtig ist dabei, die Rahmenbedingungen so zu gestalten, dass die Vielzahl der Talente und Fähigkeiten in der Gesellschaft optimal genutzt wird und die (sozialstaatlichen) Institutionen glaubwürdig und verlässlich funktionieren. Anderenfalls lassen sich weder ein generationenübergreifender Ausgleich der Interessen noch individuelles Lebensglück bis ins hohe Alter realisieren.

Wünschenswert wäre es also, den Blick wieder mehr auf die Menschen und den auf Solidarität aufbauenden „Gesellschaftsvertrag" zu richten. Konkret müssten dabei die Bekämpfung der Armut – vom Kindesalter an (!) – und der Arbeitslosigkeit, die Förderung der sozialen Mobilität und der Abbau bzw. Ausgleich der strukturellen Ungleichgewichte in der Gesellschaft zwischen benachteiligten und bevorteilten Gruppen im Mittelpunkt stehen. Und dies müsste auch in entsprechenden Budgets seinen Ausdruck finden.

Progressive Jugendvertreter wie Christian Hofmann (Gewerkschaft GPA) bringen zu Recht wieder zunehmend das Argument in diesen Debatten ein, dass es unzählige Möglichkeiten für positive ökonomische Effekte aufgrund der demografischen Verschiebungen geben kann – wenn man sie nützt! Das klingt schlüssig, wenn wir etwa an die Bereiche Medizin, Nanotechnik, alternsgerechtes Bauen oder an innovative Wohnformen im Alter denken. Diese Argumentation schließt somit gut an Forschungsarbeiten des WIFO an, die den positiven Zusammenhang von Standortqualität bzw. Wachstum und Sozialpolitik aufzeigen.[109]

FAZIT

Das Ausspielen von Generationen ist schäbig. Jede Generation – mit ihren unterschiedlichen Bedürfnissen – leistet(e) stets ihren Beitrag für die Gesellschaft und hat entsprechend Respekt verdient.

T
... TOGETHER WE STAND!

Es ist nicht mehr zu übersehen: Die soziale Frage spitzt sich zu – auch in Österreich! Die Verteilungsschieflagen haben zum Teil unerträgliche Ausmaße angenommen. Auf der einen Seite besitzen die oberen fünf Prozent rund 55 Prozent des Vermögens, während die untere Hälfte keine oder kaum Reserven hat. Viele bräuchten jetzt aber einen „Puffer", weil ihnen die enorme Teuerung den ohnedies geringen finanziellen Spielraum im Leben genommen hat.

Neben den Sozialleistungen – von der schwarz-grünen Koalitionsregierung neu eingeführte Entlastungsmaßnahmen oder die Erhöhung bereits bestehender Leistungen – haben auch gute Kollektivvertragsabschlüsse zum Teil Linderung in dieser angespannten Situation bringen können. Aber was bis heute fehlt, ist offensichtlich: Es gibt seitens der Bundesregierung keine Gesamtstrategie, wie man mit den Rückschritten und ungelösten Problemen in elementaren Bereichen – von (Kinder-)Armut, hoher Selektion an Schulen und hoher Bildungsvererbung, gestiegenem Druck in der Arbeitswelt durch die Einführung des 12-Stunden-Tages und der 60-Stunden-Woche bis zu alten und neuen Spaltungslinien in der Gesellschaft – umgehen soll. Wenn wir aber die Beseitigung der unzähligen sozialen Schieflagen heute nicht angehen, dann werden wir morgen und übermorgen merken, dass wir nur auf Zeit gespielt haben. Das gute Leben und den sozialen Zusammenhalt werden wir schändlich verspielt haben.

Der Druck ist für die Menschen auch durch die Teuerung in vielen Bereichen nochmals höher geworden. Besonders hart ist sicher, wenn zu finanziellen Sorgen auch körperliche Beschwerden dazukommen. Dann sind Sorgen und „Stress" für einen selbst und vielleicht auch für die Familie unvermeidbar. Eines steht fest: Sozialkürzungen erhöhen den Stress und verfestigen die Armut.[110]

Sollten Stimmen für breiten Sozialabbau wieder lauter werden, sollten die Vielen, die selbst Verwundbaren, meiner Meinung nach aufstehen und solidarisch Haltung zeigen. Denn uns allen sollte es nicht egal sein, wie es dem oder der Nächsten geht. Mehr Empathie in der Gesellschaft mit Menschen, die es gerade schwer haben, wäre bereits ein Wert an sich, aber es spricht auch viel Ökonomisches dafür, ihnen Existenz- oder Zukunftsängste zu nehmen. Wenn es den privaten Haushalten nämlich reinregnet, dann werden wir – die gesamtwirtschaftliche Bedeutung der privaten Konsumausgaben und das Vermeiden von Angstsparen berücksichtigend – alle nass!

Viel positiver formuliert: Spätestens mit den bereits angesprochenen Studien bzw. dem Buch von Kate Pickett und Richard Wilkinson mit dem für sich sprechenden Titel „Gleichheit ist Glück: Warum gerechte Gesellschaften für alle besser sind" gibt es ausreichend Belege und Anknüpfungspunkte für die Vorteile von egalitären Gesellschaften. Dieser Argumentationsstrang wurde, wie oben beschrieben, von OECD, Eurofound und anderen Autor:innen (exemplarisch nenne ich nur die beiden Franzosen Thomas Piketty und Gabriel Zucman) zum Glück aufgegriffen und in der Forschung vorangetrieben.

Also klar ist: Ohne einen gestärkten Sozialstaat wird es keinesfalls gehen! Es braucht für alle Kinder die gleichen Chancen, Bildung darf keine Frage des Elternhauses sein. Ebenso wenig darf Pflege eine Frage des sozialen Status sein. Es braucht eine hochwertige Gesundheits- und Pflegeversorgung für alle Menschen. Natürlich kostet all dies Geld. Jahrzehntelang wurde der Sozialstaat über Löhne finanziert, aber heute, wo das gesamte Vermögen der privaten Haushalte fünf- bis sechsmal so hoch ist wie alle Löhne und Gehälter zusammen, kann der Sozialstaat nicht mehr länger ausschließlich über Steuern und Abgaben aus Arbeitseinkommen finanziert werden. Höhere vermögensbezogene Steuern, die ohnehin nur die Reichsten treffen würden, sind das Gebot der Stunde. Denn mehr als eine Million Euro Vermögen besitzen nur vier Prozent (!) der Haushalte.

Wir alle sind der Sozialstaat, wir wechseln nur öfter im Leben die Rollen. Einmal sind wir „Nehmende", ein anderes Mal wieder „Gebende". Es gibt über das Leben betrachtet niemanden, der nur eines von beiden wäre. Wenn wir den Sozialstaat brauchen, dann sind wir auch nicht „sozial schwach". Wir sind nur materiell nicht so unabhängig wie die oberen fünf bis zehn Prozent. Sozial schwach und unsolidarisch sind für mich eher die

Vermögensverschieber:innen und Vermögensverstecker:innen, die den Staat um ihren solidarischen, stets machbaren Finanzierungsbeitrag prellen.

Mit einer solidarischen Grundhaltung – in strenger Abgrenzung zu einer neoliberalen Ellbogen-Mentalität – können wir sicher mehr gute Gelegenheitsfenster für breite Teile der Gesellschaft öffnen. Das bringt uns alle weiter, als wir das „allein" jemals schaffen könnten. Gerade die Mittelschicht sollte sich zunehmend ihrer Verwundbarkeit bewusst werden und endlich die Allianz mit den ihr Näheren, nämlich materiell Schwächeren, eingehen und die lang gelebte Allianz mit den „Oberen" gegen die „Unteren" aufkündigen. Dann bekommen die Vielen endlich wieder eine Stimme, die nicht überhört werden kann!

FAZIT   Mit einem guten sozialstaatlichen Fundament öffnen wir für mehr Menschen „Gelegenheitsfenster". Auf die Ellbogen in der Gesellschaft können wir dabei gerne verzichten!

SCHLUSSGEDANKE UND RESÜMEE

Ich möchte das Buch mit einem abgewandelten Zitat von Robert Misik beschließen. Es stammt ursprünglich von Heribert Prantl von der Süddeutschen Zeitung und es ist entstanden, als wieder einmal eine Krise „vorbei" war. Wir schreiben das Jahr 2010, also kurz nach dem Höhepunkt der Finanz- und Wirtschaftskrise. Robert Misik hat im selben Jahr das Zitat elegant ins Wienerische gebracht und es stimmt noch heute: [111]

„Das Leben fängt ungerecht an und hört ungerecht auf. Und dazwischen ist es nicht viel besser. Aber der Sozialstaat ist wenigstens ein Mechanismus, das Schicksal ein wenig zu korrigieren."

Daher wünsche ich mir, dass wir in Zukunft mit noch mehr Mut und Engagement gemeinsam für eine fortschrittliche Weiterentwicklung des Sozialstaats und für stärkeren gesellschaftlichen Zusammenhalt – also für die Vielen – einstehen!

DANKE

Ein DANKE von „A bis Z" ist angebracht, auch wenn ich hier nicht die vollständige Namensliste anführe.

Besonders wichtig war für mich die Unterstützung von A wie Andi, Andrea, Anna, Alexa oder Astrid, über Birgit, Carina, Caro, Chris, Christian, Dominik, Elke, Eric, Erik, Evelyn, Franjo, Gaby, Gerhard, Georg, Gloria, Harry, Ines, Irene, Iris, Jörg, Julia, Luis, Karin, Katharina, Mara, Markus, Martina, Matthias, Michael, Michi, Mina, Miriam, Nani, Nina, Norman, Oliver, Olivier, Philip, Pia, Reinhard, Roman, Romana, Ruth, Sabine, Sébastien, Sepp, Silvia, Sonja, Suzana, Sybille, Tobias, Tom, Toni, Ursula, Wolfgang bis Z wie Ziggy.

Zum Glück hatte ich aus meinem unmittelbaren Umfeld unglaublich starken gedanklichen Zuspruch zum Buchprojekt, professionelle Tipps zur sprachlichen Verbesserung und einen unglaublich unterstützenden Verlag – allen voran gilt das Danke Marga Achberger vom ÖGB-Verlag, deren Geduld und Akribie ich bereits seit vielen Jahren sehr schätze!

ÜBER DEN AUTOR

Adi Buxbaum ist Ökonom in der Arbeiterkammer. Er studierte Volkswirtschaft in Kombination mit internationaler Politik an der Wirtschaftsuniversität Wien, der Universität Wien sowie an der Université Louis Pasteur in Straßburg und verfügt über Forschungserfahrung am WIFO in Wien und bei Eurofound in Dublin.

Seit über 20 Jahren befasst er sich mit Verteilungs- und Sozialstaatsfragen, insbesondere mit den Themen Arbeitsmarkt, Sozialstaatsfinanzierung und soziale Infrastruktur. Dazu schreibt er auch Beiträge für den Blog Arbeit&Wirtschaft. Zudem ist er Teil des Redaktionsteams von www.sozialleistungen.at.

WISSENSWERTES KOMPAKT

- Soziale Sicherheit bzw. die Sozialpolitik ist immer integraler Teil der Lösung. Die gute Nachricht ist ja: Vieles ist zum Positiven gestaltbar (vgl. TATA-Prinzip).
- Stärken- und Schwächenprofile brauchen wir nicht neu zu erfinden, vieles ist bereits seit Jahren bekannt (vgl. Arbeitsmarktmonitor).
- Die Polarität von Phänomenen hat zugenommen und beide Seiten existieren „nebeneinander". Ein kurzer Ausschnitt:
  - Vermögenskonzentration und Armut.
  - Stabile Sektoren und Branchen im Umbruch (z. B. aufgrund von Dekarbonisierung und Digitalisierung).
  - Die einen arbeiten zu viel und die anderen finden keine Arbeit.
  - Männer leisten im Beruf oft Überstunden und Frauen arbeiten viele unbezahlte Extrastunden im Haushalt.
  - Die einen finden einen guten Zugang zu Leistungen im Sozialstaat, andere tun sich hingegen schwer, die notwendigen Bedarfe zu decken und ihre Ansprüche durchzusetzen.
- Die reichsten fünf Prozent besitzen zusammen 55 Prozent des Vermögens in Österreich. Allein das reichste Prozent besitzt fast 40 Prozent des gesamten Nettovermögens. Die „untere" Hälfte der Bevölkerung hat hingegen kaum nennenswertes privates Vermögen und kann auf kein finanzielles Polster in der Krise bzw. für kurzfristige, größere Ausgaben zurückgreifen.
- Die Reduktion der heimischen Abgabenquote von 43 Prozent um drei Prozentpunkte auf 40 Prozent würde rund 14 Milliarden Euro weniger Spielraum im Budget bedeuten! Erfolgreiche Länder wie z. B. Dänemark haben höhere Abgabenquoten.
- Acht von zehn Budget-Euros werden von den Arbeitnehmer:innen und Konsument:innen bezahlt und daher ist es unerlässlich, dass Vermögende endlich mehr zum Gemeinwohl beitragen.
- Die Kosten des Nicht-Handelns sind oft ungleich höher als sofort das Richtige zu machen.

- Das Vollbeschäftigungsziel ist zunehmend aus den Augen verloren worden. Eigenartig, denn bei Vollbeschäftigung geht sich für alle mehr aus!

- Der Einkommensunterschied zwischen Frauen und Männern beträgt je nach Messkonzept zwischen rund 20 und 40 Prozent. Der Care-Gap beläuft sich sogar auf 55 Prozent.

- Der Ausbau der sozialen Infrastruktur – von Kinderbetreuung über Sozialarbeit bis zur Pflege – würde für viele Familien eine große Entlastung bringen. Darüber hinaus gäbe es Fortschritte in Gleichstellungsfragen, der regionalen Entwicklung sowie bei Wachstum und Beschäftigung.

- „Berufswanderkarten" bieten konkrete Perspektiven für die Menschen, deren Arbeitsplätze stark vom sozial-ökologischen Umbau der Gesamtwirtschaft betroffen sind.

- Die Sozialquote war über ein Vierteljahrhundert – bis zur Pandemie – ziemlich stabil. Lange Jahre bewegte sie sich zwischen 27 und 30 Prozent der Wirtschaftsleistung (BIP). Nach dem Höchststand der Sozialquote 2020 ist auch der Ausblick wieder stabil.

- Der Pensionsaufwand in Relation zum BIP bleibt bis 2070 gut finanzierbar. Je besser die Arbeitsmarktentwicklung ist, desto leichter wird dies gelingen.

- Charity ist kein Ersatz für soziale Rechte und Ansprüche.

- Wir alle brauchen den Sozialstaat, denn im Leben wechseln wir öfters die Position zwischen „geben" und „nehmen".

- Solidarität hat – wie die Sozialstaatsmodelle insgesamt – viele Gesichter. Wir haben täglich die Wahl, wie solidarisch wir unser Handeln anlegen! Die Vielen könnten gemeinsam viel erreichen …

ANMERKUNGEN UND VERWEISE

1 Der Blog Arbeit&Wirtschaft ist unter folgendem Link zu finden: https://awblog.at/. Der Kreis der Blog-Autor:innen ist mittlerweile sehr groß und „bunt". Es sind kompetente, mutige Stimmen, u. a. aus Wissenschaft, Forschung, Arbeiterkammer, den Gewerkschaften, der Zivilgesellschaft oder von Studierenden, die kompakte Einführungen in verschiedene Themenbereiche anbieten.

2 Österreich liegt mit einem Anteil der Steuern und Abgaben von rund 43 Prozent der Wirtschafts-leistung traditionell leicht über dem EU-Durchschnitt. Vgl. Statistik Austria (2022), Steuern und Sozialbeiträge in der Europäischen Union: Abgabenquoten, Wien; https://www.statistik.at/fileadmin/pages/232/AbgabenquotenEU1995bis2021_SR2022.ods, Abfrage am 30. November 2022.

3 In Österreich werden aktuell acht von zehn Einnahmen-Euros durch Abgaben auf den Faktor Arbeit und den Konsum finanziert. Vgl. AK Wien (Hg., 2022), Unser Sozialstaat, Das Vermögen der Vielen, AK Wien, Wien; https://wien.arbeiterkammer.at/service/broschueren/Sozialstaat/Unser_Sozialstaat_2021.12.pdf, Abfrage am 5. November 2022.

4 ABA (2022), Wirtschaftsstandort Österreich, Wo Innovationen Berge versetzen, Austrian Business Agency, Wien.

5 Troika: Internationale Geldgeber bestehend aus EU-Kommission, Internationalem Währungsfonds (IWF) und Europäischer Zentralbank (EZB), die harte – auch unsoziale – Bedingungen für die Hilfs-gelder eingefordert haben.

6 WIFO (2022), Arbeitsmarktmonitor 2021, Update des jährlichen, EU-weiten Arbeitsmarkt-beobachtungssystems, Österreichisches Institut für Wirtschaftsforschung, Wien; https://wien.arbeiterkammer.at/service/studien/Arbeitsmarkt/AMM_2021_Endbericht.pdf, Abfrage am 5. November 2022.

7 „Koste es, was es wolle" – diese Redewendung wurde ab März 2020 seitens der österreichischen Bundesregierung oft verwendet. Sie sollte neben konkreten monetären Staatshilfen (u. a. Kurz-arbeitsbeihilfe) auch ein psychologisches Signal in Richtung Unternehmen und Konsument:innen bzw. Privathaushalte sein, um weitere konjunkturdämpfende Effekte zu verhindern.

8 Jahresdurchschnitt der Arbeitsuchenden (2021): 402.000 (jeweils gerundet 332.000 Arbeitslose plus 70.000 Schulungsteilnehmer:innen). Das bedeutet einen Anstieg von 139.000 Arbeitsuchenden im Vergleich zu 2008 und 39.000 Arbeitsuchende mehr gegenüber 2019. Quelle: AMS (2022), Arbeits-marktdatenbank; eigene Berechnung.

9   Bundesministerium für Finanzen (2022), Budgetbericht 2023, BMF, Wien.

10 OECD (2022), Education at a Glance 2022: OECD Indicators, OECD Publishing, Paris;
    https://doi.org/10.1787/3197152b-en, Abfrage am 22. Oktober2022.

11 Statistik Austria (2022), Bildung in Zahlen, Tabellenband, Statistik Austria, Wien.

12 Gruber, O. et al. (2022), Fünf Bildungsmythen und der Stillstand im System, Blog Arbeit&Wirtschaft
    vom 1. September 2022; https://awblog.at/fuenf-schaedliche-bildungsmythen/, Abfrage am
    5. Oktober 2022.

13 Erkurt, M. (2020), Generation Haram, Wien.

14 Kontrast (2020), Punktabzug für Frauen, Mütter und über 50-Jährige: So entscheidet der
    AMS-Computer über Arbeitslose, Blog-Beitrag vom 22. Dezember 2020, Wien; https://kontrast.at/
    ams-algorithmus/, Abfrage am 24. Oktober 2022.

15 Während der Druck in der Arbeitswelt und die Anforderungen weiter steigen (Stichwort Digitalisie-
    rung), wird ein großer Teil der zumeist Langzeitarbeitslosen mit Bildungsdefiziten ohne entsprechen-
    de Unterstützung „zurückgelassen".

16 Woltran, I. (2022), Sozialhilfe: Leben am Limit – Teuerung verschärft soziale Notlagen!,
    Blog Arbeit&Wirtschaft vom 25. Oktober 2022; https://awblog.at/sozialhilfe-teuerung-verschaerft-
    soziale-notlagen/, Abfrage am 25. Oktober 2022.

17 Herrmann, U. (2010), Hurra, wir dürfen zahlen. Der Selbstbetrug der Mittelschicht,
    Frankfurt am Main

18 Gläubigerschutzverband (2020), KSV1870 analysiert Ursachen von Firmenpleiten: Hauptgrund ist das
    Management, Pressemitteilung vom 20. März 2020, Wien.

19 OÖ Nachrichten (2021), „Kann ich ein Bundesland aufhetzen?", Neue Chats zwischen Kurz und
    Schmid, Online-Beitrag vom 8. Oktober 2021, Linz.

20 Die männliche Form ist leider eher angebracht, vgl. auch: AK Wien (Hg., 2022), Frauen.Management.
    Report.2022, Quantensprung Quote, AK Wien, Wien.

21 Der Einkommensbericht des Rechnungshofs (2022) weist für das Jahr 2021 ein mittleres Brutto-
    jahreseinkommen (Median) von allen unselbstständig Beschäftigten in der Höhe von 31.407 Euro
    aus (Frauen: 24.309 Euro, Männer: 37.707 Euro). Bezieht man die Lehrlinge in die Berechnung der
    Einkommen ein, fallen die Werte noch niedriger aus. Vgl. dazu: https://www.rechnungshof.gv.at/rh/
    home/home_1/home_1/AEB_2022_Webversion-barrierefrei.pdf, Abfrage am 24. Dezember 2022.

22 Die Statistik Austria bietet unter den „ESSOSS-Tabellen" einen komprimierten Überblick über rele-
    vante Zahlen – in Absolutwerten (v. a. Millionen/Milliarden Euro) oder als Quoten (z. B. in Prozent
    der Wirtschaftsleistung).

23 Details siehe in der Rubrik „Sozialstaat" auf der Homepage www.sozialleistungen.at.

24   WIFO (2022), Arbeitsmarktmonitor 2021, Update des jährlichen, EU-weiten Arbeitsmarkt-
      beobachtungssystems, Kurzfassung: Österreich kompakt, Wien.

25   Eine unrühmliche „Blüte" in manchen Publikationen: Es wird ausschließlich in männlicher Form
      geschrieben und dann sieht man den Hinweis „Frauen sind mitgemeint" in der Fußnote.

26   Rechnungshof (2018), Gesetzesstellungnahme im Begutachtungsverfahren zum Entwurf eines
      Sozialversicherungs-Organisationsgesetzes/Notarversicherungs-Überleitungsgesetzes, Rechnungs-
      hof, Wien.

27   Panhölzl, W. (2018), Die oberen 100.000 – der Wirtschaftsbund übernimmt die Sozialversicherung,
      Blog Arbeit&Wirtschaft vom 29. Oktober 2018; https://awblog.at/wirtschaftsbund-uebernimmt-
      sozialversicherung/, Abfrage am 24. Oktober 2022.

28   AK Wien (2018), AK-Stellungnahme zum Umbau der Sozialversicherungsträger vom 18.10.2018,
      AK Wien, Wien.

29   Youtube-Folge von ZDF Magazin Royale „Sebastian Kurz - der Penatenkanzler & seine türkise
      Familie" vom 7. Mai 2021; https://www.youtube.com/watch?v=b8ghF63cL3g , Abfrage am
      30. September 2022.

30   Rauscher, H. (2022), Wie werde ich zum Autokraten in sieben Schritten, Der Standard Online vom
      6. Mai 2022; https://www.derstandard.at/story/2000135503564/wie-werde-ich-zum-autokraten-in-
      sieben-schritten, Abfrage am 24. Oktober 2022.

31   Laut Medienhaus Wien gingen 2020 mit knapp 35 Millionen Euro mehr als die Hälfte der Regierungs-
      mittel für Tageszeitungen – gesamt rund 66 Millionen Euro – an den Boulevardsektor (Kronen
      Zeitung, Österreich/oe24 und Heute).

32   Die Presse (2015), Lehrlinge haben keinen Respekt – und können nichts?, Die Presse Online
      vom 6. März 2015. Abfrage am 24. Oktober 2022.

33   Die Wirtschaftskammer Österreich hat diese Checkliste mittlerweile von ihrer Homepage genommen
      – aus Gründen.

34   Krammer, C. et al. (2019), Rennen bis zum Brennen: Burn-out als berufsbedingte Krankheit – was
      passiert, wenn nichts passiert?, Blog Arbeit&Wirtschaft vom 6. August 2019; https://awblog.at/burn-
      out-als-berufsbedingte-krankheit/, Abfrage am 24. Oktober 2022.

35   Lachmayr, N./Mayerl, M. (2021), 4. Österreichischer Lehrlingsmonitor, Ergebnisse einer bundes-
      weiten Befragung, Institut für Berufsbildungsforschung, Wien.

36   Horvath, T. et al. (2021), Erwerbs- und Einkommensverläufe in Österreich. Ein Vergleich der
      Entwicklung von vier Geburtsjahrgängen seit den 1970er-Jahren, WIFO, Wien.

37   Szigetvari, A. (2022), Pandemie ließ Haushaltseinkommen in Österreich stark einbrechen, Der Stan-
      dard Online vom 11. Jänner 2022; https://www.derstandard.at/consent/tcf/story/2000132431765/
      pandemie-liess-haushaltseinkommen-in-oesterreich-stark-einbrechen, Abfrage am 24. Oktober 2022.

38 WIFO (2022), Arbeitsmarktmonitor 2021, Update des jährlichen, EU-weiten Arbeitsmarkt-beobachtungssystems, Kurzfassung: Österreich kompakt, Wien.

39 Kronen Zeitung (2022), Der Streit um die Lohnnebenkosten, Die Krone Online Wien vom 18. Juni 2022. Abfrage am 24. Oktober 2022.

40 Eva Winterer in Arbeit&Wirtschaft (2022), Sie nennen es Lohnnebenkosten – aber es sind Sozial-staatsbeiträge – zusammengefasste Version, Arbeit&Wirtschaft 6/2022, AK/ÖGB, Wien.

41 Mum, D./Pirklbauer, S. (2022), Sie nennen es Lohnnebenkosten – aber es sind Sozialstaatsbeiträge, Blog Arbeit&Wirtschaft vom 2. Juni 2022; https://awblog.at/tag/sozialstaatsbeitraege/, Abfrage am 24. Oktober 2022.

42 Die Presse (2022), Corona verschärfte Personalmangel im Tourismus, Die Presse Online vom 24. Mai 2022. Abfrage am 24. Oktober 2022.

43 VIENNA.AT – Vienna online (2021), Extremer Personalmangel: Niemand will mehr im Tourismus arbeiten, 16. Juni 2021. Abfrage am 24. Oktober 2022.

44 AK Wien (2022), Presseunterlage „Beschäftigte im Gastgewerbe" vom 7. Juli 2022, AK Wien, Wien.

45 Feigl, G. et al. (2022), AK Wohlstandsbericht 2022, Analyse des gesellschaftlichen Fortschritts in Österreich 2018–2023, AK Wien, Wien; https://wien.arbeiterkammer.at/interessenvertretung/wirtschaft/betriebswirtschaft/AK-Wohlstandsbericht-2022.pdf, Abfrage am 25. Oktober 2022.

46 Siehe dazu den folgenden Tweet von Mevlüt Kücükyasar [MevluetK] vom 19. Juli 2022 auf Twitter: „Zur Situation der Beschäftigten in der Gastronomie: + nur 70 % der Gastronomiebeschäftigten bleiben auch im Folgejahr in der Gastro, + Jährlich kommen ca. 40.000 neu in diese Branche"; https://mobile.twitter.com/MevluetK/status/1549367336527958022.

47 Der sogenannte Abhängigkeitsquotenrechner, kurz AQR, wurde von den AK-Experten Erik Türk und Josef Wöss entwickelt und ist das einzige Visualisierungstool, das diesen Unterschied zwischen theo-retischen und realisierten Arbeitsmarktpotenzialen gut sichtbar macht. Darauf wurde entsprechend oft in Publikationen zu demografischen und arbeitsmarktbezogenen Trends – auch von der EU-Kom-mission – Bezug genommen.

48 AK Europa (2022), Arbeitsmarktmonitor 2021: Österreich verliert Anschluss an EU-Spitzengruppe, AK Europa, Brüssel; https://www.akeuropa.eu/de/arbeitsmarktmonitor-2021-oesterreich-verliert-anschluss-eu-spitzengruppe, Abfrage am 24. Oktober 2022.

49 Flecker, J. et al. (2012), »Wanderkarte für gesunde Berufswege«: Materialien zur Unterstützung von Berufswechseln aus Berufen mit begrenzter Tätigkeitsdauer, Zentrale Ergebnisse einer Studie im Auftrag von BMASK und AMS Österreich, AMS info 221, AMS, Wien; https://www.ams-forschungs-netzwerk.at/downloadpub/AMSinfo221.pdf, Abfrage am 5. November 2022.

50 EU-Kommission (2013), Communication from the Commission: Towards Social Investment for Growth and Cohesion – including implementing the European Social Fund 2014-2020 (2013), COM (2013), 83 final, EU Kommission, Brüssel.

51 Heimberger, P. (2015), Zur griechischen Schuldendebatte: Lösen „Strukturreformen" die wirtschaftlichen Probleme Europas?, Blog Arbeit&Wirtschaft vom 18. Juni 2015; https://awblog.at/zur-griechischen-schuldendebatte-loesen-strukturreformen-die-wirtschaftlichen-probleme-europas/, Abfrage am 24. Oktober 2022.

52 Marterbauer, M. (2000), Der Washington Consensus, in: Wirtschaft und Gesellschaft, Heft 3/2020, AK Wien, 451–455.

53 Marterbauer, M. (2000), Herausforderungen 2018: Konjunkturaufschwung für Strukturreformen nutzen, Blog Arbeit&Wirtschaft vom 29. Dezember 2017; https://awblog.at/herausforderungen-2018-konjunkturaufschwung-fuer-strukturreformen-nutzen/, Abfrage am 26. Oktober 2022.

54 EU-Kommission (2021), Green Paper on Ageing, Fostering solidarity and responsibility between generations, COM (2021) 50 final, EU-Kommission, Brüssel.

55 AK Europa (2021), Notwendige Weichenstellung für den Aktionsplan zur Sozialen Säule, Soziales, AK Europa, Brüssel; https://www.akeuropa.eu/de/policy-brief-aktionsplan-zur-saeule-sozialer-rechte-und-eu-sozialgipfel-notwendige-soziale, Abfrage am 26. Oktober 2022.

56 Eine Sammlung an Factsheets zum Thema Pensionen ist unter https://www.arbeiterkammer.at/interessenvertretung/arbeitundsoziales/pensionen/index.html abrufbar.

57 Marterbauer, M./Buxbaum, A. (2020), Corona: Sozialstaat hat Stresstest bestanden. Nun steht die Solidarität auf dem Prüfstand!, Blog Arbeit&Wirtschaft vom 14. Oktober 2020; https://awblog.at/solidaritaet-auf-dem-pruefstand/, Abfrage am 26. Oktober 2022.

58 Mau, S./Verwiebe, R. (2010), European Societies: Mapping Structure and Change, Bristol.

59 Mesch, M. (2016), Wie der Keynesianismus nach Österreich kam – und warum er heute wieder nötig wäre, Blog Arbeit&Wirtschaft vom 10. Oktober 2016; https://awblog.at/wie-der-keynesianismus-nach-oesterreich-kam-und-warum-er-heute-wieder-noetig-waere/, Abfrage am 26. Oktober 2022.

60 Feigl, G. (2021), Öffentliches Vermögen in Österreich enorm – und Grundlage für ein gutes Leben der vielen, Blog Arbeit&Wirtschaft vom 2. Dezember 2021; https://awblog.at/oeffentliches-vermoegen-in-oesterreich-erheblich/, Abfrage am 26. Oktober 2022.

61 Statistik Austria (2022), Sozialausgaben 2021 auf neuem Höchststand, Knapp ein Drittel der österreichischen Wirtschaftsleistung floss im zweiten Corona-Jahr in Soziales, Pressemitteilung vom 12. August 2022, Statistik Austria, Wien; https://www.statistik.at/fileadmin/announcement/2022/08/20220812SozialquoteSozialausgaben2021.pdf, Abfrage am 26. Oktober 2022.

62 Feigl, G. et al. (2022), AK Wohlstandsbericht 2022, Analyse des gesellschaftlichen Fortschritts in Österreich 2018–2023, AK Wien, Wien.

63 Pirklbauer, S. (2022), Grafik: 7 Herausforderungen durch die Klimakrise an den Sozialstaat, Blog Arbeit&Wirtschaft vom 24. Oktober 2022; https://awblog.at/grafik-7-herausforderungen-durch-die-klimakrise-an-den-sozialstaat/, Abfrage am 24. Oktober 2022.

64 Dieses Kapitel entspricht weitestgehend dem mit Romana Brait 2017 verfassten Beitrag im Magazin Arbeit&Wirtschaft: Brait, R./Buxbaum, A. (2017), Von der Umverteilung nach oben, Arbeit&Wirtschaft, Heft 2/2017, S. 12–13, Wien.

65 Psihoda, S. (2019), Welche Rolle spielt Bildung in der Analyse der Sterblichkeit in Österreich?, Präsentation im Rahmen der Veranstaltungsreihe KODEMA vom 12. Dezember 2019, AK Wien; https://wien.arbeiterkammer.at/service/presse/Lebenserwartung.html, Abfrage am 26. Oktober 2022.

66 Vgl. auch Berechnungen des Momentum-Instituts zum sogenannten Corporate Tax Refusal Day; https://www.momentum-institut.at/grafik/corporate-tax-refusal-day-2022, Abfrage am 1. Dezember 2022.

67 Die Österreichische Nationalbank führt in enger Abstimmung mit den anderen Zentralbanken und der EZB regelmäßig Erhebungen zur finanziellen Situation und zum Konsum der Haushalte durch. HFCS ist die Abkürzung für diese Erhebung: „Household Finance and Consumption Survey".

68 Eurofound (2021), Wealth distribution and social mobility, Publications Office of the European Union, Luxembourg; https://www.eurofound.europa.eu/publications/report/2021/wealth-distribution-and-social-mobility, Abfrage am 5. November 2022.

69 Dieses Argument gilt auch für Österreich: Die reichsten zehn Prozent der österreichischen Haushalte emittieren viermal so viel Treibhausgase wie die ärmsten zehn Prozent und verbrauchen überdurchschnittlich mehr Flächen, Energie und Ressourcen.

70 Die Studien sind unter https://jbi.or.at/ abrufbar.

71 Gebhard, J. (2017), Blümel: „Wer sich in die Hängematte legen will, soll das bitte ohne Steuergeld machen", Der Kurier Online vom 17. August 2017. Abfrage am 26. Oktober 2022.

72 Baron, H. et al. (2021), Wohnungspolitik und Wohnversorgung, Bericht aus fünf wachsenden europäischen Millionenstädten, Stadtpunkte Nr. 37, AK Wien, Wien.

73 Verlic, M. (2022), Wohnbau-Boom in Wien: Luxus im Preis, Mittelmaß in der Qualität, Blog Arbeit&Wirtschaft vom 27. September 2022; https://awblog.at/wohnbau-boom-in-wien-2/, Abfrage am 26. Oktober 2022.

74 Die etwas gekürzte und vereinfachte Fassung der Studie: Guger, A. et al. (2009): Umverteilung im Wohlfahrtsstaat, Sozialpolitische Studienreihe, Bd. 1, Bundesministerium für Arbeit, Soziales und Konsumentenschutz, Wien.

75 Eurofound leistete Pioniersarbeit in der „NEETs-Thematik" (NEETs: Not in Education, Employment or Training) und ist bis heute ein Kompetenzzentrum in diesem Bereich; https://www.eurofound.europa.eu/de/topic/neets, Abfrage am 5. November 2022.

76   Eurofound (2013), Caring for children and dependants: effect on careers of young workers –
      Background paper, Publications Office of the European Union, Luxembourg; https://www.eurofound.
      europa.eu/publications/customised-report/2013/social-policies/caring-for-children-and-
      dependants-effect-on-careers-of-young-workers-background-paper, Abfrage am 5. November 2022.

77   „You Can't Always Get What You Want" ist ein bekanntes Lied der Rolling Stones, das 1969 auf dem
      Album „Let It Bleed" veröffentlicht wurde.

78   Siehe dazu den folgenden Tweet von Martens, T. [prof_martens] vom 24. März 2021 auf Twitter:
      „Warum die oft beschworene „Eigenverantwortung" in der jetzigen #COVID19-Situation NICHT (mehr)
      ausreicht: eine kleine (psychologische) Analyse. Zielgruppe: PolitikerInnen 1/10"; https://twitter.
      com/prof_martens/status/1374847507176505347

79   Sozialministerium (2022), So geht's uns heute: die sozialen Krisenfolgen im ersten Quartal 2022, Er-
      gebnisse einer Statistik-Austria-Befragung, Wien; https://www.statistik.at/services/tools/services/
      publikationen/detail/1326, Abfrage am 26. Oktober 2022.

80   Nullmeier, F. (2006), Eigenverantwortung, Gerechtigkeit und Solidarität – Konkurrierende Prinzipien
      der Konstruktion moderner Wohlfahrtsstaaten?, WSI Mitteilungen 4/2006, Hans-Böckler-Stiftung,
      Düsseldorf, 175–180; https://www.wsi.de/data/wsimit_2006_04_nullmeier.pdf, Abfrage am
      26. Oktober 2022.

81   Salomon, M. (2017), Wo bleibt die Eigenverantwortung?, Der Kurier Online vom 11. März 2017;
      Abfrage am 26. Oktober 2022.

82   Altreiter, C. et al. (2020), Solidaritätsvorstellungen, soziale Ungleichheit, in: Die Armutskonferenz
      et al. (Hg., 2020): Stimmen gegen Armut, Wien; https://www.armutskonferenz.at/media/altreiter-
      flecker-papouschek_solidaritaetsvorstellungen_2020.pdf, Abfrage am 26. Oktober 2022.

83   Unter https://wien.arbeiterkammer.at/somusssozialstaat sammeln wir für alle zentralen Lebensbe-
      reiche die Stärken und Schwächen im System und suchen Good-Practice-Ansätze, die wir dann auch
      an die politisch Verantwortlichen herantragen.

84   Bundeskriminalamt (2021), Kriminalitätsbekämpfung, Nehammer: Erfolgreiche Task Force gegen
      Sozialleistungsbetrug, Pressemitteilung vom 9. August 2021, Wien.

85   Bernhofer, D. et al. (2022), Tax me if you can. Potenziale moderner Vermögensbesteuerung in Öster-
      reich, in: Wirtschaft und Gesellschaft, Heft 2/2022, AK Wien, S. 207–230.

86   Die Sozialpartner (2016), Migration und Integration, Bad Ischler Dialog 2016, Wien.

87   Markovic, F. (2022), Rettet die Demokratie – warum wir ein modernes und gerechtes Staatsbürger-
      schaftsrecht brauchen!, Blog Arbeit&Wirtschaft vom 2. Mai 2022; https://awblog.at/rettet-die-
      demokratie/, Abfrage am 26. Oktober 2022.

88 Plank, L. et al. (2021), Goldene Zeiten für das Geschäft mit kritischer sozialer Infrastruktur?, Blog Arbeit&Wirtschaft vom 20. Oktober 2021; https://awblog.at/goldene-zeiten-fuer-das-geschaeft-mit-kritischer-sozialer-infrastruktur/, Abfrage am 26. Oktober 2022.

89 Laut Arbeitsklima-Index-Erhebungen stellen sich die Werte so dar: 2019: 56 Prozent, 2020: 66,5 Prozent, 2021: 66,3 Prozent.

90 Feigl, G. et al. (2022), AK Wohlstandsbericht 2022, Analyse des gesellschaftlichen Fortschritts in Österreich 2018–2023, AK Wien, Wien.

91 Buxbaum, A./Soukup, N. (2022), Den Sozialstaat 2022 progressiv weiterentwickeln: 7 Wegweiser für eine Sozialpolitik des gesellschaftlichen Fortschritts, Blog Arbeit&Wirtschaft vom 8. Februar 2022; https://awblog.at/den-sozialstaat-2022-progressiv-weiterentwickeln/, Abfrage am 26. Oktober 2022.

92 Mader, K./Reiff, C. (2021), Familienarbeitszeitmodell: Mehr Zeit für Väter, mehr Geld für Mütter, Blog &Wirtschaft vom 17. August 2021; https://awblog.at/familienarbeitszeitmodell/, Abfrage am 27. Oktober 2022.

93 Rat der EU (2019), Die Ökonomie des Wohlergehens, Schlussfolgerungen des Rates 13432/19, Brüssel.

94 OECD (2021), COVID-19 and Well-being: Life in the Pandemic, OECD Publishing, Paris; https://doi.org/10.1787/1e1ecb53-en, Abfrage am 5. November 2022.

95 WIFO (2022), Arbeitsmarktmonitor 2021, Update des jährlichen, EU-weiten Arbeitsmarktbeobachtungssystems, Kurzfassung: Österreich kompakt, Wien.

96 Quelle: WIFO (2021), Erwerbs- und Einkommensverläufe in Österreich, Ein Vergleich der Entwicklung von vier Geburtsjahrgängen seit den 1970er-Jahren, WIFO, Wien.

97 Mayrhuber, C. (2021), Erwerbsaustritt, Pensionsantritt und Anhebung des Frauenpensionsantrittsalters ab 2024, Potentielle Auswirkungen auf Frauen, Branchen und Betriebe, FORBA/WIFO, Wien; https://www.wifo.ac.at/jart/prj3/wifo/resources/person_dokument/person_dokument.jart?publikationsid=67348&mime_type=application/pdf, Abfrage am 5. November 2022.

98 Bock-Schappelwein, J. et al. (2021), Was lässt sich aus der Altersstruktur von Belegschaften für den Arbeitskräftebedarf der Zukunft ableiten? Eine Altersstrukturanalyse österreichischer Unternehmen (Modul 2), WIFO, Wien; https://www.wifo.ac.at/jart/prj3/wifo/resources/person_dokument/person_dokument.jart?publikationsid=66842&mime_type=application/pdf, Abfrage am 27. Oktober 2022.

99 Schönherr, D. et al. (2022), Kolleginnen und Kollegen mit anderen Staatsangehörigkeiten als der österreichischen am Arbeitsmarkt – Zwischen Systemrelevanz und Exklusion: Erwerbssituation, Arbeitszufriedenheit und Diskriminierung in der Arbeit, SORA, Wien.

100 Gagawczuk, W. (2021), Der allgemeine Kündigungsschutz in Österreich und Deutschland – ein Vergleich, in: ZESAR (2021), Zeitschrift für europäisches Sozial- und Arbeitsrecht, Heft 3/2021, S. 430 ff., Berlin.

101 Bock-Schappelwein, J. et al. (2020), Digitalisierung in Österreich: Fortschritt und Home-Office-Potential, Monatsberichte 7/2020, S. 527–538, WIFO, Wien; https://www.wifo.ac.at/jart/prj3/wifo/resources/person_dokument/person_dokument.jart?publikationsid=66198&mime_type=application/pdf, Abfrage am 27. Oktober 2022.

102 Soder, M./Berger, C. (2021), Im Zeichen von Klimakrise und digitaler Revolution: Strukturwandel im 21. Jahrhundert, Blog Arbeit&Wirtschaft vom 8. April 2021; https://awblog.at/strukturwandel-im-21-jahrhundert/, Abfrage am 27. Oktober 2022.

103 Mit rund 250 Milliarden Euro beläuft sich gemäß Statistik Austria der Anteil der Dienstleistungen auf rund 70 Prozent der Wertschöpfung in Österreich (2021).

104 Beleg für den steigenden Druck sind z. B. die dramatischen Verschlechterungen der Werte des Arbeitsklima Index seit 2018. Der Österreichische Arbeitsklima Index ist ein gemeinsames Produkt der Arbeiterkammer Oberösterreich und der beiden Sozialforschungsinstitute IFES (Institut für empirische Sozialforschung) und SORA (Institute for Social Research and Analysis). Details siehe: https://ooe.arbeiterkammer.at/arbeitsklima, Abfrage am 5. November 2022.

105 Die Sozialpartnerhomepage www.arbeitundalter.at ist ein guter Fundus für Beispiele und Anleitungen für alternsgerechte Arbeitsbedingungen.

106 Raza, W. et al. (2021), COVID-19 & die Versorgungskrise mit kritischen Gütern: Zeit für eine europäische Versorgungssicherheitsstrategie, Blog Arbeit&Wirtschaft vom 21. Dezember 2022; https://awblog.at/covid-19-die-versorgungskrise-mit-kritischen-guetern/, Abfrage am 5. November 2022.

107 AK Wien (Hg., 2021), Globalisierungskompass, Orientierungshilfe für eine gerechte Weltwirtschaft, AK Wien, Wien; https://www.arbeiterkammer.at/globalisierungskompass, Abfrage am 5. November 2022.

108 Buxbaum, A./Wöss, J. (2013), Generationengerechtigkeit, Arbeit&Wirtschaft, Heft 5/2013, S. 34–35, Wien.

109 Mayrhuber, C. et al. (2018), Sozialstaat und Standortqualität, WIFO, Wien; https://www.wifo.ac.at/jart/prj3/wifo/resources/person_dokument/person_dokument.jart?publikationsid=61006&mime_type=application/pdf, Abfrage am 5. November 2022.

110 Wacker, K. (2019), Wie Sozialkürzungen Armut durch permanenten Stress verfestigen, Blog Arbeit&Wirtschaft vom 5. März 2019; https://awblog.at/wie-sozialkuerzungen-armut-verfestigen/, Abfrage am 27. Oktober 2022.

111 Misik, R. (2010), Ein Lob des Sozialstaats! Die Westerwelles schüren den „Aufstand des Mittelstandes". Das brauchen wir wie einen Kropf, Videocast von Robert Misik – Folge 118 vom 28. Februar 2010, Der Standard Online; https://misik.at/2010/03/ein-lob-des-sozialstaats/, Abfrage am 27. Oktober 2022.